Le p'tit Manuel

méthode de français

1

F. Makowski / R. Lacorte

Hachette
français langue étrangère

SOMMAIRE

LE P'TIT MANUEL 1 comprend :

- un livre
- des cassettes pour la classe
- un guide pédagogique

Dessins de M. Estradera Vázquez, V. Lahuerta Guillén, J. L. Marco Gracia, M. Martinez Sánchez.

Maquette de Victor Lahuerta.

© SGEL 1983
© HACHETTE 1984 79, boulevard Saint-Germain - F 75006 PARIS
Tous droits de traduction, de reproduction et d'adaptation réservés pour tous pays.

ISBN 2.01.010138.3
ISBN: 84-7143-285-4

Présentation

Le P'tit Manuel constitue un ensemble pédagogique complet pour enfants débutant en français. Il peut être utilisé tel quel ou bien complété ou adapté en fonction des nécessités du groupe-classe.

Le P'tit Manuel offre à l'élève la possibilité de communiquer rapidement en français. Les objectifs de chaque unité, qu'il sera utile d'identifier systématiquement, sont fonctionnels, c'est-à-dire que l'on propose tout au long de ce premier niveau d'apprendre à « faire des choses » en français. En présentant des activités nombreuses et variées : observation, réflexion, découverte, créativité, expression, on favorise et multiplie les possibilités de communication dans la classe. Les illustrations, l'aspect général du livre et les activités ludiques que l'on y trouve aideront sans doute à rendre l'apprentissage plus agréable et plus facile.

Mais *Le P'tit Manuel* ne voudrait pas oublier que, derrière une langue, il y a aussi et surtout des pays et des hommes, bref tout un monde à découvrir.

F. Makowski

Contenu

8 huit

APPRENTISSAGE	APTITUDES	THÈMES
Premiers contacts avec la langue française et le pays.	Compréhension orale. Expression orale.	La France, qu'est-ce que c'est ? Rencontre avec une autre personne.
Systématisation des règles de fonctionnement du masculin et du féminin pour les adjectifs, les articles indéfinis et les pronoms : *il, elle*. Les chiffres de 1 à 10.	Compréhension orale et écrite. Expression orale et écrite. Compter de 1 à 10.	Un anniversaire. Les nationalités.
Systématisation de l'utilisation des articles définis : *le, la, l'*. Systématisation des formes négatives orales et écrites. Premier contact avec les conjugaisons.	Compréhension orale et écrite. Expression orale et écrite. Compréhension d'un texte écrit.	Correspondance entre une fille espagnole et un garçon français. Les cartes de visite. Rencontre d'un enfant espagnol et d'un enfant français. Drapeaux des pays européens francophones.
Systématisation de la formation du pluriel des articles. Découverte du fonctionnement des verbes : *aller, être, venir, faire, apprendre*. Découverte de l'orthographe des chiffres de 1 à 20.	Compréhension orale et écrite. Expression orale et écrite.	Conversation téléphonique. Coupures de journaux.
Bilan de son savoir-faire en français.	Compréhension orale et écrite. Expression orale et écrite.	Les grandes villes de France. Les principaux fleuves. Comparaison de la population et de la superficie de la France avec d'autres pays. Poème.
Notions : se situer ou situer des personnes et des objets dans l'espace.	Compréhension et expression orales. Compréhension et expression des chiffres de 1 à 30.	Une situation de la vie courante : demander son chemin.
Expression d'une quantité de quelque chose. Découverte du fonctionnement de la conjugaison des verbes du 1er groupe.	Compréhension orale. Expression orale et écrite.	Les achats. Les repas : le petit déjeuner français.
Fonctionnement des adjectifs possessifs. Formation des chiffres de 20 à 69.	Compréhension orale et écrite. Expression orale et écrite.	La famille. Les métiers.
Découverte du fonctionnement de l'impératif. Systématisation des prépositions qui précèdent les noms de villes et de pays.	Compréhension écrite. Expression orale et écrite.	Coupures de journaux. Les pays.

Contenu

Les symboles suivants annoncent :

      une activité centrée sur l'écoute d'un texte ou dialogue enregistrés;

      une activité centrée sur l'expression orale;

      une activité d'observation.

Contenu

APPRENTISSAGE	APTITUDES	THÈMES
...ilan de ce qu'on sait faire en français.	Compréhension orale et écrite. Expression orale et écrite.	Dessiner la carte de France. Poème : « Histoires ».
...otions : se situer ou situer les événements dans le temps.	Compréhension orale et écrite. Expression orale et écrite.	Les saisons. Les fêtes. Le calendrier. Poème : Quatre saisons.
...ystématisation de la formation du passé composé.	Compréhension orale et écrite. Expression orale et écrite.	Vacances à la montagne. Un petit accident.
...ifférencier le passé du présent. ...ystématisation de l'utilisation des adjectifs démonstratifs.	Compréhension orale et écrite. Expression orale et écrite.	Les films. Les choses qui nous plaisent ou nous déplaisent.
...aire le bilan de ce qui a été appris. ...uto-évaluation.	Compréhension orale et écrite.	La Tour Eiffel. La France en chiffres. Les montagnes. Poème. Chanson : Il était une bergère.

Iʳᵉ Unité

- Saluer
- Se présenter
- Demander à quelqu'un de se présenter
- Prendre congé

Activité 1

Indique la France sur la carte de l'Europe.

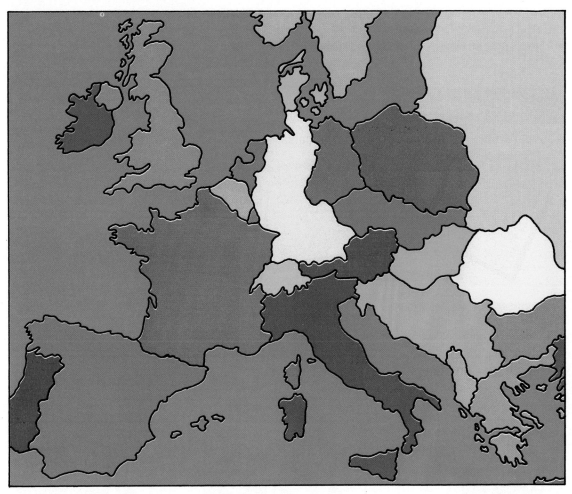

EUROPE

Activité 2

Indique le nom des pays sur la carte.

FRANCE ● ANGLETERRE ● BELGIQUE ● HOLLANDE ● LUXEMBOURG ● ALLEMAGNE
SUISSE ● ITALIE ● ESPAGNE ● PORTUGAL ● GRÈCE ● DANEMARK

Trouve les noms et les prénoms français.

MONIQUE	FRANÇOIS	BERNADETTE
PIETRO	JUAN	SYLVIE
HANS	DUPONT	LOUIS
SMITH	GARCIA	JOHNNY

Activité 4

Trouve l'article de journal écrit en français.

Activité 5

Regarde les images. Avec d'autres élèves, cherche des situations pour communiquer en français.

Activité 6

La France, qu'est-ce que c'est?

Et toi, qu'est-ce que tu sais?

Dialogue 1

 Jeu

Se présenter

Présente-toi : **« Salut, je m'appelle... ».** *Demande à ton camarade de se présenter :* **« Et toi, comment tu t'appelles ? »**

Dialogue 2

Dialogue 3

Complète:

Je m'appelle Daniel

Je m'appelle Monique

Je m'appelle Paul

Je m'appelle Sylvie

Je m'appelle Louis

Je m'appelle Marc

Activité 8

Complète:

Tu t'appelles Louis?
Oui, *je m'appelle Louis*

Tu t'appelles Marc?
Non, *je m'appelle Paul*

Tu t'appelles Daniel?
Oui, *je m'appelle Daniel*

Tu t'appelles Paul?
Non, *je m'appelle Marc*

Tu t'appelles Martine?
Non, *je m'appelle Sylvie*

Tu t'appelles Monique?
Oui, *je m'appelle Monique*

Activité 9

Complète les dialogues șuivants :

Les mots cachés

Dans ces **« mots cachés »**, il y a des mots français que tu connais. Trouve-les.

A	T	L	M	P	Z	X	M	N	D
V	M	O	I	V	A	E	O	F	S
T	O	B	C	X	D	U	X	O	A
A	N	I	D	R	I	D	L	T	L
I	S	W	A	O	N	T	V	S	U
M	I	G	X	B	D	Q	O	B	T
T	E	Z	I	E	C	O	U	T	E
R	U	N	T	U	D	A	S	D	S
N	R	O	R	V	M	E	R	C	I
U	T	L	C	O	M	M	E	N	T

2ème Unité

Objectifs

- Demander l'identité d'une personne
- Demander l'identité d'un objet
- Présenter une personne ou un objet
- Décrire une personne ou un objet

Jeu

Un élève frappe à la porte. Présente-le.

C'EST SYLVIE, ELLE EST GRANDE!

C'EST PAUL. IL EST GROS.

C'EST PIERRE, IL EST GRAND.

C'EST MONIQUE, ELLE EST GROSSE.

C'EST UN VÉLO. IL EST FORMIDABLE.

C'EST UNE AUTO. ELLE EST FORMIDABLE!

		FRANCE	ANGLETERRE	BELGIQUE	ALLEMAGNE	JAPON
	il est	français	anglais	belge	allemand	japonais
	elle est	française	anglaise	belge	allemande	japonaise

		MEXIQUE	ESPAGNE	PORTUGAL	
	il est	mexicain	espagnol	portugais	
	elle est	mexicaine	espagnole	portugaise	

Activité 1

Observe la formation du féminin page 22. ● Quelle est la marque du féminin en français?

Activité 2

Vérifie dans le lexique le masculin ou le féminin des adjectifs:

brun	beau	mince	formidable
sportif	grande	petit	contente
grosse	blonde	rectangulaire	rond

Activité 3

Ecoute ton professeur: **Masculin** ou **Féminin?**

MASCULIN	FEMININ		MASCULIN	FEMININ
X			X	
	X		X	
	X			X
X				X

Activité 4

Ecoute ton professeur et répète:

un taxi	un hôpital
un bar	un camion
un hôtel	une pharmacie
un café	une classe
un tennis	une auto
un avion	un autobus
un français	un vélo

Activité 5

Ecoute ton professeur et répète:

1, 2, 3-/1, 2, 3, 4, 5-/1, 2, 3, 4, 5, 6-/6, 7, 8, 9-/1-/2,-/3,-/4,-/5,-/6,-/7,-/8,-/9,-/10,-/1, 2, 3, 4, 5, 6, 7, 8, 9, 10-/

Dialogues

Activité 6

Réponds dans ton cahier: **Qui est-ce?**

Activité 7

Indique pour chaque image la phrase qui correspond :

Il est grand. ● Il est formidable. ● Elle est japonaise. ● Elle est belle. ● Il est mexicain. ●
Il est gros.

Il est grand.

Elle est japonaise

Il est formidable

Il est mexicain

Il est gros

Elle est belle

Activité 8

Choisis: **Il** ou **Elle?**

 est belle!
est formidable!
est gros!

est grand!
est blonde!
est française!

 est brune!
est petit!
est japonaise

Regarde dans le lexique: **un** ou **une?**

un bar, *une* auto, *un* ballon, *un* avion, *une* bicyclette, *une* table, *un* garçon, *une* porte, *un* hôtel, *une* fille, *un* livre, *une* gomme.

Activité 10

Choisis: **C'est.........** **Ce n'est pas.........**

C'est Napoléon

c'est Une bicyclette

C'est Tintin

C'est Un avion

Ce n'est pas Un garçon

c'est Une table

Activité 11

Fais une question et une réponse pour chaque image:

Exemples:

Qui est-ce? ▸ C'est Marc.
Qu'est-ce que c'est? ▸ C'est un ballon.

Qui est-ce? C'est Astérix

Qu'est-ce que c'est? C'est une voiture

Qui est-ce? C'est Don Quichotte.

Qui est-ce C'est Charlie Chaplin.

Qu'est-ce que c'est C'est un ballon.

qu'est-ce que c'est? C'est un livre

Jeu

Un groupe d'élèves décrit une personne; les autres groupes doivent deviner qui c'est.

Par exemple: il est grand
il est blond
il est mince

Qui est-ce?

- *C'est* ? - *C'est* ?
- *Non, ce n'est pas* - *Non, ce n'est pas*
- *Oui, c'est*

Ecoute ton professeur:

Demande: ● Qui est-ce?
● Qu'est-ce que c'est?

Poème

Avec les mots

*J'écris le mot: ma
J'écris le môme.*

*Tralala, tralala,
c'est pas toi, c'est pas moi !*

*J'écris le mot: mais
J'écris la momie.*

*Tralala, tralala,
C'est maman, c'est papa ?*

*J'écris le Momo,
J'écris le mot mou.*

*Tralala, tralala,
d'accord je répète pas.*

*J'écris le mot mu,
J'écris le moment.*

*Tralala, tralala,
et pourquoi n'écris-tu pas ?*

*J'écris le mot: main,
J'écris le mormon.*

*Tralala, tralala,
et qu'est-ce que c'est que ça ?
Ça c'est un poème.
Pouah !*

3ème Unité

Objectifs

- Ecrire une lettre à un ami français
- Savoir écrire une adresse
  sur une enveloppe
- Faire la présentation d'une personne
- Faire sa propre présentation

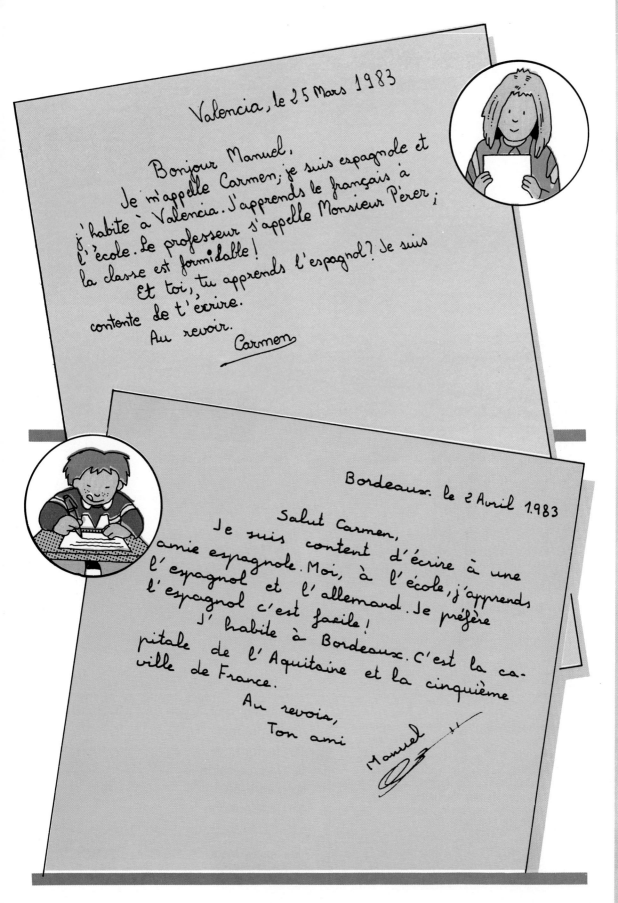

Valencia, le 25 Mars 1983

Bonjour Manuel,
Je m'appelle Carmen; je suis espagnole et j'habite à Valencia. J'apprends le français à l'école. Le professeur s'appelle Monsieur Pérez; la classe est formidable!
Et toi, tu apprends l'espagnol? Je suis contente de t'écrire.
Au revoir.
Carmen

Bordeaux, le 2 Avril 1983

Salut Carmen,
Je suis content d'écrire à une amie espagnole. Moi, à l'école, j'apprends l'espagnol et l'allemand. Je préfère l'espagnol c'est facile!
J'habite à Bordeaux. C'est la capitale de l'Aquitaine et la cinquième ville de France.
Au revois,
Ton ami
Manuel

Monsieur Manuel Dupont
10, rue de la Republique
33 000 Bordeaux

FRANCE

Srta. Carmen López Pérez

C/. la Paz, n° 7

Valencia   ESPAÑA

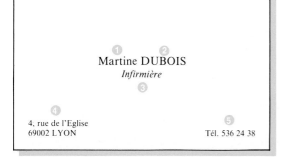

Martine DUBOIS
Infirmière

4, rue de l'Eglise
69002 LYON   Tél. 536 24 38

1. le prénom
2. le nom
3. la profession
4. l'adresse
5. le téléphone

Elle s'appelle Mademoiselle Martine DUBOIS.
Elle est infirmière.
Elle habite à Lyon.

Activité 1

L'article défini: **le, la, l'** ● Regarde les pages 29 et 30 et note les articles:

Activité 2

Observe les pages 29-30 et l'Activité 1 ● Quel est l'article masculin?
● Quel est l'article féminin?

Activité 3

Regarde dans le lexique **le, la, l':**

	porte		livre		fille		église
	élève		homme		cartable		règle
	stylo		avion				

Activité 4

Ecoute ton professeur: **le** ou **la**?

	0	1	2	3	4	5	6	7	8	9	10
le											
la	**X**										

Activité 5

Présente Monsieur DUMONT (comme à la page 30).

Paul DUMONT
Professeur

7, Avenue de la Convention
75015 PARIS

Tél. 828 62 70

Dialogue 1

—Qui est-ce ?
—Elle s'appelle Sylvie Martin.

—Elle habite au troisième.

—Elle apprend le piano !

Dialogue 2

—¿Vienes a jugar?
—Je ne comprends pas.
 Je ne suis pas espagnol.

—¿Me prestas la pelota?
—Je ne parle pas espagnol.
 Et toi, tu ne parles pas français ?

—¿Jugamos al fútbol?
—Au football ? Oui, d'accord.

Activité 6

Qui est-ce ?

Elle **s'appelle**...

Elle **est**...

Elle **habite**...

Elle **apprend**...

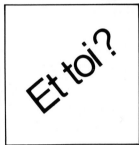

Je m'**appelle**...

Activité 7

Trouve la forme verbale.

Exemple		
1	(grand) être	1	Il **est grand**.
2	(le français) apprendre	2	Tu
3	(à Paris) habiter	3	Nous
4	(une lettre) écrire	4	Ils
5	(Claude) s'appeler	5	Il
6	(la radio) écouter	6	Vous
7	(la télé) regarder	7	Je
8	(une moto) préférer	8	Nous
9	(le vocabulaire) observer	9	Elles

Activité 8

Regarde le dialogue 2.

Activité 9

- Qu'est-ce que tu remarques ?
- Marque la négation.

Tu **ne** parles **pas** anglais ?

Il n'est pas grand.
Elle n'est pas grosse.
Je ne suis pas anglais.
Ce n'est pas Monsieur Dupont ?
Elle n'apprend pas le français.
Je ne parle pas allemand.
Tu ne regardes pas la télé ?
Il ne s'appelle pas Pierre.

Activité 10

Ecoute ton professeur:

Elle parle pas français. ▷ Elle ne parle pas français.

Je suis pas espagnol.

Non, il est pas gros !

Tu comprends pas ?

Elle apprend pas l'allemand.

Il est pas grand !

Non, c'est pas Marc !

Il écoute pas !

Activité 11

Ecoute ton professeur et écris:

Exemple:

Elle parle pas français. ▷ Elle ne parle pas français.

Jeu

Voir *Dialogues et activités* ▷

Activité 12

Regarde la carte de visite et indique les erreurs :

Dominique DUBOIS

Professeur

8. rue de l'Eglise
13009 MARSEILLE   Tél. 53 62 38

Elle ne s'appelle pas...

Activité 13

Ecoute ton professeur et réponds:

Exemple:	
1 Tu parles français ?	1 Non, je ne parle pas français.
2 Elle est espagnole ?	2
3 Tu es gros ?	3
4 Il comprend l'allemand ?	4
5 Il habite à Madrid ?	5
6 Elle regarde la télé ?	6
7 Tu écoutes la radio ?	7
8 Il apprend le piano ?	8
9 Tu parles français ?	9

L'article

Singulier			
Défini		**Indéfini**	
Masculin	Féminin	Masculin	Féminin
Le livre	**La** porte	**Un** livre	**Une** fille
Le cartable	**La** fille	**Un** cartable	**Une** table
Le professeur	**La** télé	**Un** avion	**Une** infirmière
L'avion	**L'**infirmière		
L'homme	**L'**église		
L'élève	**L'**élève		

La négation

Oral et écrit   Oral

Ce **n'**est **pas** Pierre. ⟶ *C'est pas Pierre.*

Elle **n'**écoute **pas** la radio. ⟶ *Elle écoute pas la radio.*

Je **ne** comprends **pas** l'espagnol. ⟶ *Je comprends pas l'espagnol.*

Je **ne** suis **pas** gros. ⟶ *Je suis pas gros.*

Trouve les couleurs des drapeaux et dessine-les.

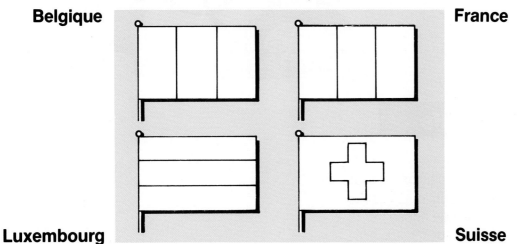

Belgique   **France**

Luxembourg   **Suisse**

4ème Unité

Objectifs

- Téléphoner
- Demander à quelqu'un de s'identifier
- S'identifier, identifier quelqu'un
- Proposer quelque chose
- Accepter/Refuser

Les vrais résistants.

Les hommes

LES CASSETTES DE LA SEMAINE

Toute la lumière sur les salons

Les Nouveaux Jardins

LES ENFANTS DE LA VIDÉO

les carnets

LES BONNES AFFAIRES DE SOPHIE

LES GRANDES HEURES DE L'INFORMATION.

Activité 1

Regarde la page 38. ● Observe le pluriel et complète dans ton cahier:

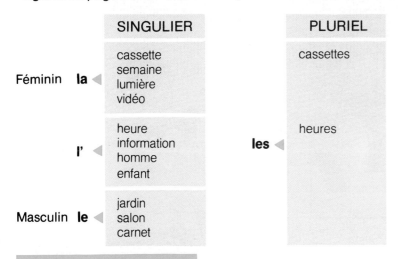

	SINGULIER		PLURIEL
Féminin **la** ◄	cassette semaine lumière vidéo		cassettes
l' ◄	heure information homme enfant	**les** ◄	heures
Masculin **le** ◄	jardin salon carnet		

Activité 2

Mets les articles le, la, l', les:

         piscines,   café,   porte,   vélos,   élève,   hommes,
         stylo,   église,   prénom,   téléphones,   infirmières,   filles.

Activité 3

Mets au pluriel:

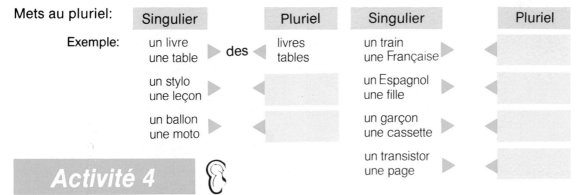

	Singulier		Pluriel	Singulier		Pluriel
Exemple:	un livre une table	▶ **des** ◄	livres tables	un train une Française	▶ ◄	
	un stylo une leçon	▶ ◄		un Espagnol une fille	▶ ◄	
	un ballon une moto	▶ ◄		un garçon une cassette	▶ ◄	
				un transistor une page	▶ ◄	

Activité 4

Ecoute ton professeur et répète: de **10** à **20**.

Activité 5

Ecoute ton professeur: **le** ou **les**?

	0	0	1	2	3	4	5	6	7	8	9	10
le	**X**											
les		**X**										

A —Monsieur Dupont, qu'est-ce que vous faites ?
—Je vais à la piscine.
Tu viens avec moi ?
—D'accord, je vais avec vous.

B —Paul, Daniel, vous êtes là ?
—Oui, nous sommes là, dans la cuisine.

C —Qu'est-ce que vous faites ?
—Nous allons à l'école.
—Je vais avec vous.

D —C'est toi, papa ?
—Non, ce n'est pas moi.
—Qui est-ce ?
—C'est tonton Pierre.

Activité 6

Regarde la page 40. ● Indique le numéro de l'image:

Dialogue A: ─────────➤ Image
Dialogue B: ─────────➤ Image
Dialogue C: ─────────➤ Image
Dialogue D: ─────────➤ Image

Jeu

Le professeur te donne le nom d'un objet. Décris l'objet avec des gestes.
Tes camarades doivent deviner quel est l'objet.

Activité 7

Regarde la page 43 et trouve les verbes:

Nous ▨▨▨▨ *à la piscine.*
Qu'est-ce que vous ▨▨▨▨ *?*
Vous ▨▨▨▨ *à l'école avec nous ?*
Nous ne ▨▨▨▨ *pas les élèves de M. Dupont ?*
J' ▨▨▨▨ *la leçon d'espagnol.*
Tu ▨▨▨▨ *les exercices ?*
Elles ▨▨▨▨ *françaises ?*
Vous ▨▨▨▨ *formidables!*
Je ▨▨▨▨ *avec toi.*
Elles ▨▨▨▨ *l'espagnol.*
Nous ▨▨▨▨ *les activités de français.*

Il n' ▨▨▨▨ *pas grand.*
Il n' ▨▨▨▨ *pas la leçon.*
Tu ▨▨▨▨ *français ?*
Il ▨▨▨▨ *avec nous ?*

Activité 8

Choisis: ●────●

A Bonjour, ça va ? ●
B Qu'est-ce que c'est ? ●
C C'est vous, M. Dupont ? ●
D Et toi, tu parles français ? ●
E Elle habite à Bordeaux ? ● .
F Tu viens avec moi ? ●
G Qu'est-ce que tu fais ? ●

● 1 Oui, c'est moi.
● 2 D'accord.
● 3 J'apprends l'allemand.
● 4 Oui, je suis français.
● 5 Oui, ça va, et toi ?
● 6 Non, elle habite à Lyon.
● 7 C'est une belle moto.

Activité 9

Ecoute ton professeur: **de** ou **des**?

	0	0	1	2	3	4	5	6	7	8	9	10
de	X											
des		X										

Activité 10

Cherche dans ton livre l'orthographe des chiffres suivants :

Exemple: 3 ▶ trois

5 _____	12 _____	19 _____
2 _____	4 _____	20 _____
10 _____	6 _____	16 _____
15 _____	13 _____	

Activité 11

Réponds: **Oui, c'est ...** ou **Non, ce n'est pas...**

Exemples: C'est toi, Pierre ?   Oui, c'est moi.
            C'est toi, Pierre ? *(Paul)*   Non, ce n'est pas moi, c'est Paul.

- C'est vous, M. Durand ?   Oui, _____
- C'est toi, Sylvie ? *(Monique)*.   Non, _____
- C'est vous, Mlle. Dubois ?   Oui, _____
- C'est toi, papa ?   Oui, _____
- C'est vous, M. Dumond ? *(M. Pérez)*   Non, _____
- C'est toi, Paul ? *(Tonton Pierre)*   Non, _____
- C'est moi ?   Oui, _____
- C'est toi, Marc? *(Sylvie)*.   Non, _____

Activité 12

Mets en ordre les mots suivants :

Exemple: moto • une • c'est • belle ▶ C'est une belle moto.

elle • française • est • n' • pas _____
exercices • les • nous • d'espagnol • faisons _____
vous • vais • avec • je _____
mademoiselle • elle • Dubois • Martine • s'appelle _____
moi • à la • venez • avec • piscine _____

Activité 13

Ecoute ton professeur: **ne** ou **ne**?

	0	0	1	2	3	4	5	6	7	8	9	10
ne	**X**											
ne		**X**										

Verbes

		Aller	Etre	Venir	Faire	Apprendre
SINGULIER	**1ᵉ Personne** Je. J'	Je vais	Je suis	Je viens	Je fais	J' apprends
	2ᵉ Personne Tu	Tu vas	Tu es	Tu viens	Tu fais	Tu apprends
	3ᵉ Personne Il-Elle	Il Elle va	Il Elle est	Il Elle vient	Il Elle fait	Il Elle apprend
PLURIEL	**1ᵉ Personne** Nous	Nous allons	Nous sommes	Nous venons	Nous faisons	Nous apprenons
	2ᵉ Personne Vous	Vous allez	Vous êtes	Vous venez	Vous faites	Vous apprenez
	3ᵉ Personne Ils-Elles	Ils Elles vont	Ils Elles sont	Ils Elles viennent	Ils Elles font	Ils Elles apprennent

N'OUBLIE PAS

Articles indéfinis

	Singulier	Pluriel
Féminin	une fille	filles
		des ▶
Masculin	un garçon	garçons

Articles définis

	Singulier	Pluriel
Féminin	la cuisine l'école	cuisines écoles
		les ▶
Masculin	le professeur l' homme	professeurs hommes

5ème Unité

Activité 1

Que dis-tu pour saluer un ami ?

Un adulte ?

Maintenant salue ton camarade et ton professeur.

Activité 2

Que dis-tu pour prendre congé d'un ami ?

D'une grande personne ?

Prends congé de ton camarade, puis de ton professeur.

Activité 3

Réponds:

Il s'appelle Daniel ? ▶

Elle s'appelle Monique ? ▶

Il s'appelle Manuel ? ▶

Elle s'appelle Sylvie ? ▶

▶ *Et toi, tu t'appelles Paul ?*

Activité 4

Décris les personnages et les objets suivants :

Activité 5

Regarde la page 29 et complète la lettre.

_ _ _ _ _ _ , le _ _ _ _ _ Novembre _ _ _ _ _
_ _ _ _ _ _ , Sylvie
    Je m'appelle _ _ _ _ _ , je suis _ _ et j'habite
à _ _ _ _ _ _ _ . Je suis _ _ _ _ d'écrire à _ _ _ _ amie
_ _ _ _ j'apprends le français à l' _ _ _ _ _ _ .
Je professeur s' _ _ _ _ _ M _ _ _ _ _ _ _ _ _ _
_ _ _ _ _ _ _ . La classe est _ _ _ _ _ .
    Et toi, tu _ _ _ _ _ l'espagnol ?
    Au _ _ _ _ _ ,
      Ton _ _ _ _ _ .

Activité 6

Comme dans l'activité 5 de la page 31, présente M. Durand.

André DURAND
Ingénieur

16, rue Latapie   64000 PAU

Activité 7

Écoute les réponses et choisis la bonne question.

A)   Qui est-ce ?
B)   Qu'est-ce que c'est ?   1   2   3   4   5   6   7

Activité 8

Regarde un atlas et écris sur la carte les noms des grandes villes de France :

PARIS ● LYON ● MARSEILLE ● LILLE ● BORDEAUX ● TOULOUSE ● NANTES
NICE ● PAU ● AJACCIO

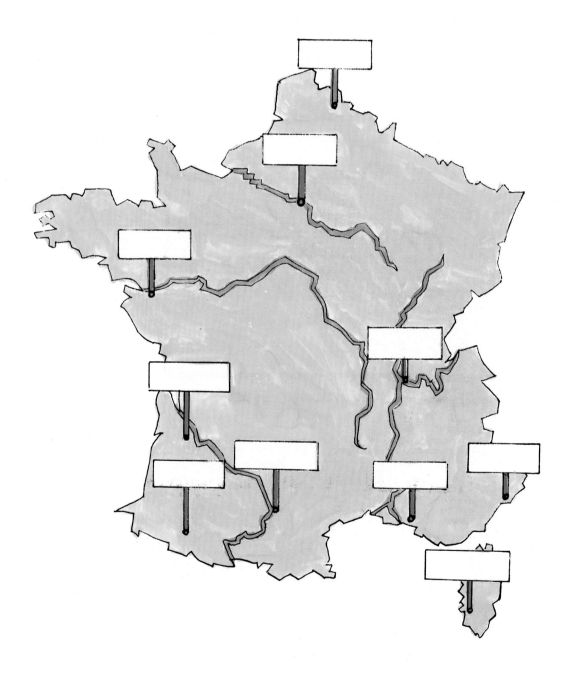

Fais la même chose avec les grands fleuves français :

LA SEINE ● LA LOIRE ● LA GARONNE ● LE RHÔNE

Poème

Il s'appelle Manuel

Il s'appelle Manuel,
Et c'est un petit poème.
Un poème? Manuel?
Alors ce n'est pas le même?

J'écris un nom, à la main,
Le nom du petit garçon;
Manuel a un ballon,
Un gros ballon dans la main.

Je lis un livre d'images,
Avec des mots de français;
Manuel est sur la plage
Il parle aussi le français.

Le dessin est sur la page,
Et Manuel sur la plage;
Le gros ballon va dans l'eau,
Et moi, au milieu des mots.

Il s'appelle Manuel
Manuel, c'est un poème!

Activité 9

Écoute la dictée et écris dans ton cahier.

Activité 10

Souligne tous les articles du texte suivant :

"Un garçon de la classe est français. Il s'appelle Marc. Il apprend le piano et l'espagnol. Il fait des exercices, il écrit les verbes français. Moi, je suis un sportif, je préfère aller à la piscine..."

Activité 11

Mets les phrases à la forme négative.

Exemples:

▸ *Elle apprend.* ⟶ *Elle apprend pas.*

▸ Il est français. ⟶ Il n'est pas français.

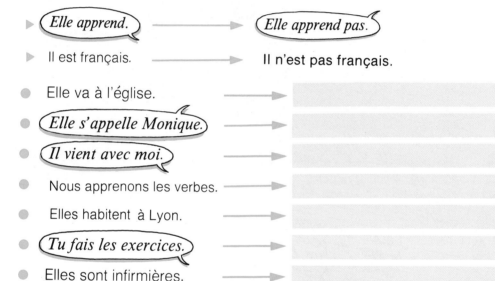

● Elle va à l'église. ⟶

● *Elle s'appelle Monique.* ⟶

● *Il vient avec moi.* ⟶

● Nous apprenons les verbes. ⟶

● Elles habitent à Lyon. ⟶

● *Tu fais les exercices.* ⟶

● Elles sont infirmières. ⟶

● *Vous allez à l'école.* ⟶

● Ils sont portugais. ⟶

● Je regarde la télé. ⟶

Activité 12

Écoute ton professeur et fais correspondre les chiffres et les lettres.

						A				
11	13	8	9	6	18	12	10	16	15	20

Activité 13

Les dialogues sont mélangés. Remets-les dans l'ordre.

Activité 14

Trouve la bonne réponse :

- Ton pays a :   km²
  de superficie.
- ▶ La France a : **a)** 750 000 km²
               b) 551 000 km²
               c) 225 750 km²
  de superficie.

- Ton pays a :   millions
  d'habitants
- ▶ La France a : **a)** 37 millions
               b) 80 millions
               c) 54 millions
  d'habitants.

 Jeu

Colin-maillard

6ème Unité

Objectifs

- Demander son chemin
- Indiquer le chemin à suivre
- Dire qu'on ne sait pas
- Formules de politesse:
  S'il vous plaît
  S'il te plaît
  Merci

À
GAUCHE

TOUT
DROIT

À
DROITE

Poème

Sur la table
il y a une cage,
dans la cage
il y a un oiseau
et sous la table
il y a un chat!

Activité 1

Complète la description de l'image:

"Le ballon de Manuel est _____ la voiture.
Le conducteur est _____ la voiture. Manuel est à _____ de l'auto.
A _____ il y a une moto. _____ la moto il y a un paquet."

Activité 2

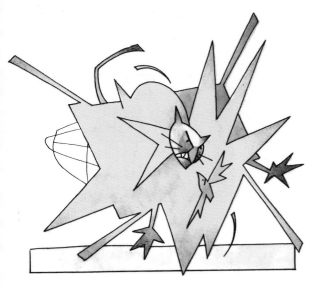

_____ la table
il y a une _____
_____ *la cage*
_____ un _____
et _____ *la table*
_____ un

Activité 3

Ecoute: **sur** ou **sous**?

	0	0	1	2	3	4	5	6	7	8	9	10
sur	**X**											
sous		**X**										

Dialogues

A –Pardon, la rue de l'Eglise, s'il te plaît?
   –Tout droit, c'est la première rue à droite.
   –Merci.

B –Pardon, les toilettes, s'il vous plaît ?
   –Au fond, à gauche, Monsieur.
   –Merci.

C –S'il vous plaît, les enfants ! Le Rex ?
   –Le Rex ? Qu'est-ce que c'est ?
   –Un cinéma.
   –Ah, oui, dans la deuxième rue à gauche.

Activité 4

A quelles images correspondent les dialogues A, B, C ?

Image 1   Image 2   Image 3

Dialogue A:

La rue de l'Eglise, c'est ◀ | tout droit
la 1ʳᵉ rue à droite
la 2ᵉ rue à gauche

Dialogue C:

Le Rex: c'est ◀ | un cinéma
un restaurant
un hôtel

Dialogue B:

Les toilettes: c'est ◀ | au fond à droite
tout droit
au fond à gauche

Il est dans ◀ | la 1ʳᵉ rue à gauche
la 2ᵉ rue à droite
la 2ᵉ rue à gauche

Activité 5

Écoute les dialogues de la page 56. Explique quand on emploie les expressions : **s'il te plaît** et **s'il vous plaît.**

Activité 6

S'il te plaît ou **s'il vous plaît ?**

Le cinéma Impérial,   ? ▶

La place de l'Eglise,   ? ▶

La boulangerie,   ? ▶

,*où est le restaurant* ? ▶

▶*Papa, où est le ballon,*   ?

Activité 7

Réponds :

- La place de l'Eglise, s'il te plaît ?
- Pardon, où est la boulangerie ?
- Pardon. la place de la République, s'il te plaît ?
- S'il. te plaît, où est le restaurant italien ?
- Où est le Rex. s'il te plaît ?

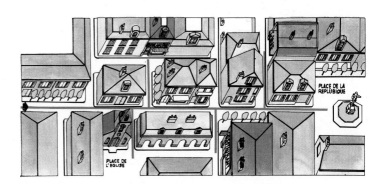

Activité 8

Choisis: ●——————●

A A droite, il y a ●	● 1 une cage
B Sur la table, il y a ●	● 2 une auto
C Sur la chaise, il y a ●	● 3 un ballon
D Sous la table, il y a ●	● 4 un avion
E Dans la boîte, il y a ●	● 5 une porte
F Sous la chaise, il y a ●	● 6 une chaise
G A gauche, il y a ●	● 7 une boîte et un chat

Activité 9

Petite dictée.

Activité 10

S'il te plaît ou **S'il vous plaît**?

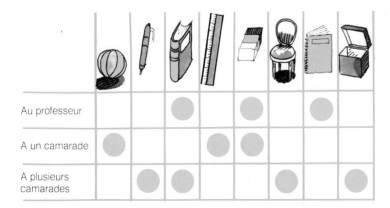

 Jeu

La diligence phonétique

Voir Dialogues et activités, p. 125

N'OUBLIE PAS

- A un adulte
- A plusieurs personnes

  ▷ S'il vous plaît

- A un copain
- A quelqu'un de ta famille

  ▷ S'il te plaît

▷ ensuite... **MERCI**

7ème Unité

Objectifs

- Expression de la quantité
- Proposer quelque chose à quelqu'un
- Accepter/Refuser
- Demander quelque chose

UN PAIN

LE VEAU

L'EAU DE LA PISCINE

DU PAIN

DU VEAU

DE L'EAU

LE SEL

LE GÂTEAU

DES BONBONS

DU SEL

DU GÂTEAU

DES FRUITS

MAMAN, IL Y A PAS D'EAU!

PAS DE PAIN, PAS DE SEL, PAS DE SUCRE, PAS DE VIN, PAS DE CIGARETTES ...

Activité 1

Observe la page 62. Avec tes camarades, essaye de comprendre comment fonctionnent les articles partitifs. Puis complète le tableau suivant :

J'achète ◁

viande
confiture
salade

pain
sel
vin

eau
huile

bonbons
tomates
fruits

Il n'y a pas ◁

viande
confiture
salade
pain
sel
vin
bonbons
tomates
fruits

eau
huile

Activité 2

Quelqu'un te propose : "Des bonbons?"
Tu acceptes : Oui, merci.
Tu n'acceptes pas : Non, merci, pas de bonbons.

● De la confiture? ◁ Oui / Non ● Du pain? ◁ Oui / Non

● Des fruits? ◁ Oui / Non ● Des tomates? ◁ Oui / Non

● De la salade? ◁ Oui / Non ● De l'eau? ◁ Oui / Non

Activité 3

Qu'est-ce qu'il y a sur la table?
Complète dans ton cahier:

Sur la table

et

Jeu

Avec tes camarades, joue une scène dans un restaurant : un élève (le garçon de café) propose à manger et à boire. Les autres élèves (les clients) acceptent ou refusent.

Le petit déjeuner de Manuel

Il prend ◄ du pain
du beurre
de la confiture
du lait
ou du café au lait
ou du chocolat
et du sucre

ELLE N'AIME PAS LA SOUPE.

ELLE MANGE PEU DE SOUPE.

IL AIME BEAUCOUP LE CHOCOLAT.

IL MANGE
BEAUCOUP DE CHOCOLAT.

Activité 4

Observe le petit déjeuner de Manuel et décris ton petit déjeuner.

Je prends:

Activité 5

Complète selon le modèle :

- Nous aimons le chocolat. Nous mangeons ◀ du chocolat .

  beaucoup de chocolat .

- Ils aiment la viande. ◀

  beaucoup de

- J'aime la tarte. ◀

- Vous aimez les fruits. ◀

- Tu aimes le beurre. ◀

Activité 6

Accorde les verbes suivants :

- (acheter) ▶ *A l'épicerie, Manuel   des fruits.*
- (prendre) ▶ *Pour le petit déjeuner, ils   du chocolat.*
- (donner) ▶ *Madame Dupont   de l'argent à Manuel.*
- (aimer) ▶ *Vous n'   pas le beurre.*
- (manger) ▶ *Pour le petit déjeuner, nous ne   pas de soupe.*

Activité 7

Complète selon le modèle :

- Je n'aime pas la soupe . ◀ Je ne prends pas de soupe . • Ils n'aiment pas le beurre. ◀

- Nous n'aimons pas les fruits. ◀ Nous prenons peu de fruits. • Vous n'aimez pas le sel. ◀

- Tu n'aimes pas la confiture. ◀ • Il n'aime pas le sucre. ◀

Méli-Mélo

Mets les lettres en ordre pour obtenir des mots étudiés dans les leçons précédentes.

Exemples: RUBJONO   bonjour   JEDURENE   déjeuner   EVRIL   livre

SONRMIEU	RUCES	SGELIE
EACPUBOU	POSUE	MOMEH
TERPO	AFRENC	FUTOINREC
DAPEPRENR	GARMEN	BATEHRI
ERUERB	DIEANV	NISIPEC
TOLCOHAC	MEMAAD	LAPESNOG

Activité 8

Écris le contraire des phrases suivantes :

Il y a un chat sur la table.▶ **Il y a un chat sous la table.**

Je ne mange pas de viande.▶ **Je mange de la viande.**

Le cinéma est à droite.   La maison de Monique est à gauche.
Il prend peu de confiture.   Ils prennent beaucoup de café.
Nous mangeons du beurre .   Elle ne prend pas d'eau .
Le ballon est sous la voiture.

Activité 9

Ecoute ton professeur et répète: de **15** à **30**.

Activité 10

Regarde et choisis: **un/une - du - de la - de l' - des**.

1.-   porte,- 2.-   argent,- 3.-   eau,- 4.-   auto,-
5.-   pain,- 6.-   confiture,- 7.-   fruits,- 8.-   stylo,-
9.-   viande,- 10.-   bonbons.-

Activité 11

Ecoute et réponds: **Non,... Non,...**

Exemples: ● Monique achète de la confiture? ▶ Non, **elle** n'achète **pas de** confiture.
            ● Marc mange du pain? ▶ Non, **il ne mange pas** de pain.

            ● Manuel prend de la viande?
            ● Sylvie donne de l'argent?
            ● Manuel Dubois **prend du lait?**
            ● Madame Dupond achète du sel?
            ● Monique prend du sucre?

Verbes

		Aimer		Acheter		Manger	
SINGULIER	1e Personne	J'	aime	J'	achète	Je	mange
	2e Personne	Tu	aimes	Tu	achètes	Tu	manges
	3³ Personne	Il Elle	aime	Il Elle	achète	Il Elle	mange
PLURIEL	1e Personne	Nous	aimons	Nous	achetons	Nous	mangeons
	2e Personne	Vous	aimez	Vous	achetez	Vous	mangez
	3³ Personne	Ils Elles	aiment	Ils Elles	achètent	Ils Elles	mangent

Verbe **Prendre:** regarde page 43 ⟶ **Apprendre**

Poème

Ecrire

J'écris:
Poème:
Copie:
Bohème:
Et lis:
Phonème:
Je dis:
Problème !

8ème Unité

Objectifs

- Donner une information sur notre famille
- Demander une information sur la famille de quelqu'un
- Exprimer une opinion

Je te présente
ma famille
À bientôt
Carmen

MOI, JE SUIS BLONDE ET
J'AI ONZE ANS.

MA SŒUR TERESA SUR SA
BICYCLETTE. ELLE A DIX-HUIT ANS.

MES PARENTS : ILS SONT JEUNES, ILS
ONT TRENTE-HUIT ET TRENTE-NEUF ANS.

MON FRÈRE PABLO ET SON BALLON !!
IL A QUINZE ANS.

MON CHIEN TEX, IL A TOUJOURS
FAIM.

Activité 1

Regarde la photo et mets les numéros:

4 C'est ma mère.

1 C'est mon père.

5 C'est mon chien.

2 C'est mon frère.

3 C'est ma soeur.

Activité 2

Regarde page 70 et présente la famille de Carmen:

Activité 3

- C'est **la** soeur de Sylvie. ▶ C'est **sa** soeur.
- Ce sont **les** parents de Carmen.
- C'est **le** frère de Carmen.
- J'ai **un** chien: Tex.
- Pablo a **un** ballon.
- J'ai **deux** amies: Monique et Sylvie.
- Tu as **un** papa et **une** maman.

Activité 4

Regarde les photos de Carmen, page 70 ● Regarde aussi page 75 ● Imagine les photos de Manuel en utilisant les adjectifs possessifs:

Mon chat: **il aime beaucoup le lait.** ▶

Dialogues

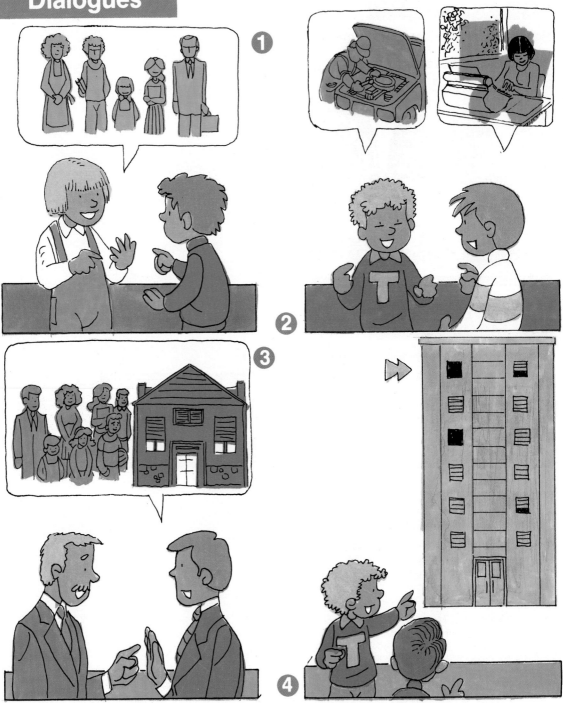

A —J'habite ici.
   —A quel étage ?
   —Au sixième.
   —A droite ou à gauche ?
   —A gauche.

B —Vous êtes combien dans ta famille ?
   —Nous sommes cinq: mon père, ma mère,
     mes deux grandes soeurs et moi.

C —J'ai une grande famille: nous sommes sept !
   —Sept ? Et vous habitez où ? Dans un appartement ?
   —Non ! Nous avons une grande maison.

D —Mon père, il est mécanicien.
   —Et ta mère, qu'est-ce qu'elle fait ?
   —Elle travaille à la banque

Activité 5

Regarde la page 72. Indique le numéro d'image:

Dialogue **A:** ─────────➤ Image
Dialogue **B:** ─────────➤ Image
Dialogue **C:** ─────────➤ Image
Dialogue **E:** ─────────➤ Image

Activité 6

Ecoute bien les dialogues et réponds:

Image 1 Ils sont combien dans sa famille ◄ 2 / 4 / 5 **?**

Image 2 Le père est ◄ professeur / mécanicien / caissier **?**

La mère travaille à ◄ la banque / l'école / l'hôpital **?**

Image 3 C'est une ◄ grande / petite famille **?**

Ils sont ◄ 17 / 7 / 5

Ils habitent ◄ à l'hôtel / dans une grande maison / dans un appartement **?**

Activité 7

Regarde page 75 le verbe **Avoir** et complète les phrases suivantes dans ton cahier:

J' ▨▨▨▨ *onze ans. Carmen* ▨▨▨▨ *onze ans. Nous* ▨▨▨▨ *onze ans.*
Teresa, la soeur de Carmen ▨▨▨▨ *dix-huit ans et Pablo* ▨▨▨▨ *quinze ans.*
Et toi, tu ▨▨▨▨ *quel âge? Et tes parents, ils* ▨▨▨▨ *quel âge? Et vous, Monsieur*
(Madame, Mademoiselle) le professeur, vous ▨▨▨▨ *quel âge?*

Activité 8

Choisis: ●────●

A Vous êtes combien dans ta famille ? ●   ● 1 Au cinquième à droite.
B Vous habitez à quel étage ? ●   ● 2 Elle est architecte.
C Tu as un chien ? ●   ● 3 Nous sommes six.
D Qu'est-ce qu'elle fait, ta mère ? ●   ● 4 Non, dans un appartement.
E Tu habites dans une grande maison ? ●   ● 5 Non, nous avons un chat.

Activité 9

Cherche dans le livre l'orthographe des chiffres suivants et écris-les :

21	25	28
31	33	37
41	49	42
51	54	56
61	67	63

Maintenant, avec tes camarades, essaye d'expliquer les règles pour former les chiffres de 20 à 69.

Activité 10

Ecoute et répète les numéros de l'activité 9.

Activité 11

Observe le modèle et construis au singulier les phrases suivantes :

Mes soeurs ▶ (blond) ▶ Ma soeur est blonde.

Tes amis ▶ (sympathique)   Mes amies ▶ (formidable)
Tes frères ▶ (petit)   Ses voitures ▶ (grand)
Ses photos ▶ (beau)   Mes amis ▶ (jeune)

Activité 12

Complète les phrases suivantes avec l'un des verbes proposés :

S'APPELER ● VENIR ● REGARDER ● COMPRENDRE ● APPRENDRE ● ALLER ● ECOUTER TRAVAILLER ● ETRE ● ECRIRE

Les élèves _____ *le français à l'école.*
Nous _____ *au cinéma avec Manuel et ses parents.*
Ils _____ *de Paris pour visiter l'Espagne.*
Sylvie et Daniel _____ *une carte postale à Luc.*
Vous ne vous _____ *pas Pierre.*
Le papa de Monique _____ *dans une banque: il est caissier.*
Ils ne _____ *pas l'espagnol.*
Vous _____ *au sixième?*
Les enfants _____ *la télé.*

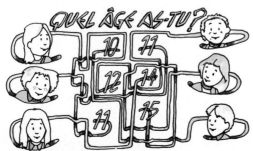

L'adjectif possessif

MASCULIN		PLURIEL		FEMININ	
mon ▷ cahier		**mes** ▷	cahiers		
			maisons	**ma** ▷	maison
			amies	**mon** ▷	amie
ton ▷ cahier		**tes** ▷	cahiers		
			maisons	**ta** ▷	maison
			amies	**ton** ▷	amie
son ▷ cahier		**ses** ▷	cahiers		
			maisons	**sa** ▷	maison
			amies	**son** ▷	amie

Verbes

Avoir

J'	ai
Tu	as
Il-Elle	a
Nous	avons
Vous	avez
Ils-Elles	ont

Les mots cachés

Dans ces **« mots cachés »**, il y a plusieurs chiffres. Trouve-les.

B	O	T	R	E	I	Z	E	H	A
E	N	I	U	F	S	D	O	S	U
Z	Z	C	I	N	A	Z	X	E	I
R	E	U	N	D	E	U	X	P	N
O	P	Q	G	R	R	T	N	T	Z
T	O	O	T	R	O	I	S	R	E
A	B	A	D	O	H	U	I	T	F
U	U	S	E	I	Z	E	X	U	O
Q	A	R	D	O	U	Z	E	T	F
T	L	F	D	I	X	N	Z	P	Q

9ème Unité

Objectifs

- Donner un ordre
- Inviter à faire quelque chose
- Interdire

Activité 1

Regarde page 77 ● Qu'est-ce que tu observes?

Activité 2

Observe les pages 77 et 78, puis la page 83. Avec tes camarades, essaye d'expliquer quand il faut utiliser **en, au, aux** devant le nom d'un pays. Que faut-il utiliser devant le nom d'une ville ?

Activité 3

Complète avec **en, au, aux, à**:

Monsieur Dupuis va ___à___ *Tokyo, il va* ___au___ *Japon. Mademoiselle Durant travaille* ___à___ *Bruxelles, elle habite* ___en___ *Belgique. Carmen habite* ___à___ *Valencia, elle habite* ___en___ *Espagne. Manuel et sa famille habitent* ___à___ *Bordeaux, ils habitent* ___en___ *France. Je passe mes vacances* ___à___ *New York, je vais* ___aux___ *Etats-Unis. Allons* ___à___ *Lisbonne; allons* ___au___ *Portugal.*

Activité 4

Quelles formes verbales utilise-t-on pages 77 et 78 ? Ecoute les phrases suivantes et indique quelle est l'intention :

A ▶ Donner un ordre.
B ▶ Inviter quelqu'un à faire quelque chose.
C ▶ Interdire.

1. Au Mexique, consultez la Banque mexicaine.   1. ▢
2. Venez, les enfants!   2. ▢
3. Parlez!   3. ▢
4. Prenez le volant.   4. ▢
5. Ne quittez pas.   5. ▢
6. Amusez-vous.   6. ▢
7. Asseyez-vous.   7. ▢
8. N'oubliez pas.   8. ▢
9. Prenez la parole!   9. ▢
10. Venez en France avec nous.   10. ▢

A —Attends ! Ne traverse pas !
—Oui, maman.

B —Ouvrez la valise, s'il vous plaît !
—Bien, Monsieur.

C —Ne bougez pas !
—Attends, le chien n'est pas là.

D —J'ai faim.
—Moi, aussi.
—Allons au restaurant.
—Bonne idée !

E —Venez à la piscine avec nous.
—Ah non, je n'aime pas l'eau !

Activité 5

A quelle image correspondent les dialogues ?

Dialogue **A:** ⟶ Image
Dialogue **B:** ⟶ Image
Dialogue **C:** ⟶ Image
Dialogue **D:** ⟶ Image
Dialogue **E:** ⟶ Image

Activité 6

Quelle est l'intention communicative de chaque dialogue ?

1 ▷ Donner un ordre.
2 ▷ Inviter quelqu'un à faire quelque chose.
3 ▷ Interdire.

A	B	C	D	E
3	1	3	2	2

Activité 7

Parmi les expressions suivantes, indique celles qui expriment le refus :

● Bonne idée !
● Attends, le chien n'est pas là.
● Oui, maman.
✗ Ah non, je n'aime pas l'eau !
● Bien, Monsieur.

Activité 8

Lis les ordres et les demandes suivants :

1. A un seul élève le professeur dit:

(ne) regarde (pas) ● (ne) répète (pas)
écoute ● apprends ● lis ● parle ● écris
fais attention ● n'oublie pas ● entre ● sors
assieds-toi ● lève-toi ● efface le tableau

2. A toute la classe le professeur dit:

(ne) regardez (pas) ● (ne) répétez (pas)
écoutez ● apprenez ● lisez ● écrivez ● parlez
faites attention ● n'oubliez pas ● entrez ● sortez
asseyez-vous ● levez-vous ● effacez le tableau.

A ton avis, à qui s'adresse le professeur ?

	0	0	1	2	3	4	5	6	7	8	9	10
A un seul élève		X			X	X		X	X		X	
A toute la classe	X		X	X		X		X	X			X

Activité 10

A chaque réponse correspond un ordre. Relie-les entre eux : ●———●

A   Paul, prends ta douche. ●
B   Mafalda, mange ta soupe. ●
C   Dominique, apprends tes leçons. ●
D   Sylvie, va dormir! ●
E   Lève-toi, vite!. ●
F   Viens avec moi à l'épicerie. ●

● 1   Non maman, il n'y a pas d'école.
● 2   Non, je vais jouer au ballon.
● 3   Non papa, je suis fatigué.
● 4   Non, je n'ai pas faim.
● 5   Non maman, je n'aime pas l'eau.
● 6   Non, je regarde la télé.

Jeu

Jacques a dit

Activité 11

Tu dis: Lève-toi ! ▶ Et Paul se lève.
Qu'est-ce que tu dis ?

1.   *Écoutez*
2.   *Prends un bonbon*
3.   *Regardez*
4.   *Parle*
5.   *Écrivez*
6.   *sors*
7.   *Attends*

1.   Et tes amis écoutent.
2.   Et il prend un bonbon.
3.   Et tes parents regardent.
4.   Et ton frère parle.
5.   Et tes amis écrivent.
6.   Et ton chien sort.
7.   Et ta soeur attend.

Activité 12

Tu interdis de faire les choses suivantes :

▶ A un camarade   ▶ A un adulte   ▶ A plusieurs personnes

Les prépositions de lieu et les noms de pays et de villes.

Noms de pays

En				Au			
la ◄	France Belgique Suisse	en ◄	France Belgique Suisse	le ◄	Japon Mexique Portugal	au ◄	Japon Mexique Portugal
l' ◄	Angleterre Allemagne Espagne	en ◄	Angleterre Allemagne Espagne	les ◄	Etats-Unis	aux ◄	Etats-Unis

Noms de villes

à ◄ Paris
Valence
Bordeaux
Madrid

L'impératif

Aller	Lire	Ecrire	Sortir	Apprendre
va	lis	écris	sors	apprends
allons	lisons	écrivons	sortons	apprenons
allez	lisez	écrivez	sortez	apprenez

Travailler	Ecouter	Entrer	Regarder	S'asseoir
travaille	écoute	entre	regarde	assieds-toi
travaillons	écoutons	entrons	regardons	asseyons-nous
travaillez	écoutez	entrez	regardez	asseyez-vous

ET MAINTENANT, QU'EST-CE QUE TU SAIS FAIRE ?

Activité 1

Pour aller dans ces différents endroits, demande ton chemin à un enfant, puis à un adulte.

Activité 2

Indique le chemin :

▶ Pardon, où est le cinéma ?
▶ Où est l'épicerie, s'il te plaît ?
▶ La place de la République, s'il te plaît ?
▶ Tu sais où est la boulangerie ?
▶ S'il te plaît, où est le restaurant ?

Activité 3

Peu de ou beaucoup de:

J'aime la viande, je mange *Beaucoup* viande.
Sylvie n'aime pas la soupe, elle mange *peu* soupe.
Les enfants aiment les bonbons, ils prennent *peu* bonbons.
Papa n'aime pas le café, il prend *peu* café.
Nous aimons la confiture, nous mangeons *beaucoup* confiture.
Maman aime les tomates, elle mange *beaucoup* tomates.

	VRAI	FAUX
Le chat est sous la table.		✓
L'avion est dans la cage.		✓
La cage est sur la chaise.	✓	
La voiture est à droite de la table.		✓
La boîte est dans la voiture.		✓
La chaise est à droite de la table.	✓	
La porte est sous la chaise.		✓
Le ballon est à gauche de la porte.		✓

Activité 5

Qu'est-ce qu'il y a sur la table ? ▷

Activité 6

Écoute les réponses et trouve les questions :

1. Non, merci, pas de bonbons.
2. Non, merci, pas d'eau.
3. Non, merci, pas de salade.
4. Non, merci, pas de sel.
5. Non, merci, pas de fruits.
6. Non, merci, pas de confiture.

1. Des bonbons ?
2. De l'eau ?
3. De la salade ?
4. Du sel ?
5. Des fruits ?
6. De la confiture ?

Faire la carte de France.

APPRENEZ À FAIRE LA CARTE DE FRANCE !

Une petite carte ? Ou une grande carte ? C'est facile avec ce dessin !

1. Commencez par tracer les lignes en pointillé (----).
   Vouz avez alors 16 carrés égaux (A E a G est un de ces carrés; AE = Ea = aG = GA).
   Vouz pouvez faire de grands ou de petits carrés.

2. Tracez les lignes pleines (—), c'est-à-dire FG, GI, ID, LM, MN, CJ, JH et HF.

3. Tracez *au crayon* la carte (tour et fleuves).

4. Votre dessin est bien fait ? Tracez la carte *avec de l'encre*.

5. Effacez les lignes en pointillé (----) et les lignes pleines (—).
   Votre carte est faite !

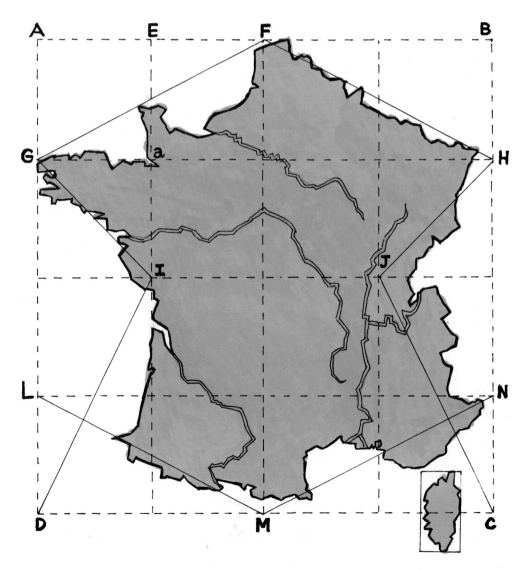

Poème

Histoires

Napoléon
Entre dans la cuisine
Il apprend le piano
Le gros avion
Tombe dans la piscine
Il apprend la moto
Je ne comprends pas
C'est formidable !

Le camion
Appelle au téléphone
Il apprend le vélo
Une maison
Ni belle ni bonne
Elle apprend les gros mots
Je ne comprends pas
C'est formidable !

Monsieur Dupont
Revient à Ajaccio
Il apprend l'espagnol
Le gros Tonton
Regarde le stylo
Il apprend le football
Je ne comprends pas
C'est formidable !

Petit garçon
Et la leçon ?
J'apprends, j'apprends
Et je comprends !

Monsieur et Madame Dupuis vont au restaurant. ● Qu'est-ce qu'ils prennent ? ●
Et qu'est-ce qu'ils ne prennent pas ?

 Jeu

Jacques a dit *(variante)*

*Exemple : Si tu dis à tes camarades : « Jacques a dit : ne vous levez
pas ! »,* ils ne doivent pas *se lever. Mais si tu leur dis : « Ne vous levez
pas ! »,* ils doivent *se lever.*

Activité 9

Écoute ton professeur. ● Choisis la bonne réponse:

1. J'ai ◀ onze / douze / treize   ans

2. Mon père, il est ◀ mécanicien / caissier / professeur

3. Elle a ◀ dix-huit / neuf / treize   ans

4. Oui, elle est ◀ architecte / secrétaire / infirmière

5. Nous habitons ◀ à la campagne / dans un appartement / dans une petite maison

6. Il est ◀ architecte / dentiste / chauffeur

7. Ils sont ◀ neuf / douze / six

8. J'ai ◀ deux frères / une soeur et un frère / deux soeurs et trois frères

Activité 10

Écoute ton professeur. Quelle est son intention ?

A ▶ Donner un ordre.
B ▶ Inviter quelqu'un à faire quelque chose.
C ▶ Interdire.

1. Sortez !
2. Allons au cinéma.
3. Viens, s'il te plaît.
4. Faites attention !
5. Ne bouge pas !
6. Passez, s'il vous plaît.
7. N'ouvrez pas la porte !
8. Asseyez-vous, s'il vous plaît.

Activité 11

Réponds:

Exemple: Où est Paris ? ▶ En France

Où est ◀ New York ? / Rome ? / Lisbonne ? / Londres ? / Bruxelles ? / Berne ? / Cadix ?

IIème Unité

Objectifs

- Se situer dans le temps
- Situer les événements dans le temps

Le calendrier de 1983

JANVIER		FÉVRIER		MARS	
Lun	3 10 17 24 31	Lun	7 14 21 28	Lun	7 14 21 28
Mar	4 11 18 25	Mar	1 8 15 22	Mar	1 8 15 22 29
Mer	5 12 19 26	Mer	2 9 16 23	Mer	2 9 16 23 30
Jeu	6 13 20 27	Jeu	3 10 17 24	Jeu	3 10 17 24 31
Ven	7 14 21 28	Ven	4 11 18 25	Ven	4 11 18 25
Sam	1 8 15 22 29	Sam	5 12 19 26	Sam	5 12 19 26
Dim	2 9 16 23 30	Dim	6 13 20 27	Dim	6 13 20 27

AVRIL		MAI		JUIN	
Lun	4 11 18 25	Lun	2 9 16 23 30	Lun	6 13 20 27
Mar	5 12 19 26	Mar	3 10 17 24 31	Mar	7 14 21 28
Mer	6 13 20 27	Mer	4 11 18 25	Mer	1 8 15 22 29
Jeu	7 14 21 28	Jeu	5 12 19 26	Jeu	2 9 16 23 30
Ven	1 8 15 22 29	Ven	6 13 20 27	Ven	3 10 17 24
Sam	2 9 16 23 30	Sam	7 14 21 28	Sam	4 11 18 25
Dim	3 10 17 24	Dim	1 8 15 22 29	Dim	5 12 19 26

JUILLET		AOÛT		SEPTEMBRE	
Lun	4 11 18 25	Lun	1 8 15 22 29	Lun	5 12 19 26
Mar	5 12 19 26	Mar	2 9 16 23 30	Mar	6 13 20 27
Mer	6 13 20 27	Mer	3 10 17 24 31	Mer	7 14 21 28
Jeu	7 14 21 28	Jeu	4 11 18 25	Jeu	1 8 15 22 29
Ven	1 8 15 22 29	Ven	5 12 19 26	Ven	2 9 16 23 30
Sam	2 9 16 23 30	Sam	6 13 20 27	Sam	3 10 17 24
Dim	3 10 17 24 31	Dim	7 14 21 28	Dim	4 11 18 25

OCTOBRE		NOVEMBRE		DÉCEMBRE	
Lun	3 10 17 24 31	Lun	7 14 21 28	Lun	5 12 19 26
Mar	4 11 18 25	Mar	1 8 15 22 29	Mar	6 13 20 27
Mer	5 12 19 26	Mer	2 9 16 23 30	Mer	7 14 21 28
Jeu	6 13 20 27	Jeu	3 10 17 24	Jeu	1 8 15 22 29
Ven	7 14 21 28	Ven	4 11 18 25	Ven	2 9 16 23 30
Sam	1 8 15 22 29	Sam	5 12 19 26	Sam	3 10 17 24 31
Dim	2 9 16 23 30	Dim	6 13 20 27	Dim	4 11 18 25

En 1983, Pâques est le dimanche 3 avril

Noël est le 25 décembre

Les jours de la semaine

Lundi
MARDI
Mercredi
Jeudi
Vendredi
Samedi
Dimanche

Activité 1

Regarde le calendrier de 1983 et réponds:

Exemple: Il y a combien de jeudis en mars ? ▶ **En mars, il y a cinq jeudis.**

Il y a combien de lundis en décembre ?

Il y a combien de semaines en février ?

Il y a combien de jours en octobre ?

Il y a combien de samedis en septembre ?

Il y a combien de semaines en 1983 ?

Activité 2

Complète:

Exemple: Le 31 mai est un **mardi.**

Le 15 août est un

Le 25 décembre est un

Le 12 octobre est un

Le jour de Pâques est un

Le 10 juin est un

Le 30 avril est un

Le premier septembre est un

Activité 3

Répète les jours de la semaine.

Activité 4

Ecoute ton professeur et réponds:

Exemple: Tu pars quand ? Lundi ? ● (mardi) ▶ **Non, pas lundi ! Je pars mardi.**

● (dimanche)

● (mercredi)

● (lundi)

● (vendredi)

● (jeudi)

● (samedi)

Activité 5

Avec ces groupes de lettres, tu peux écrire plusieurs mois de l'année. Lesquels ?

INUJ • BONVREME • RALIV • TÛOA • VANIEJR • ETROBOC • ERIEVRF

Poème

"Quatre saisons"

En été, la nuit, tu sors,
Tu fais du sport et tu dors,
Et le monde est jaune d'or,
Le miel, la lune et ton corps.

En automne, les devoirs,
Après l'école, le soir,
La feuille s'en va en bas
Et le monde est chocolat.

En hiver, l'après-midi,
Dans la classe tu écris,
Il neige, lundi, mardi...
Et le monde est sucre gris.

Au printemps, c'est la récré,
Un matin du mois de mai,
Tu fais une promenade
Dans un monde de salades.

Activité 6

En 1983, quel jour commence l'été ? ▶ L'été commence le mardi 21 juin.

- Quel jour commence l'hiver ?
- Quel jour commence le printemps ?
- Quel jour commence l'automne ?

Activité 7

Regarde la page 99 : **« La journée de Manuel »** et indique à quel dessin correspondent les phrases suivantes :

Exemple: Il est midi, il déjeune **4**

Il sort de l'école

Il dîne

Il regarde la télé

Il prend son petit déjeuner

Il va à l'école

Il fait ses devoirs

Il est en classe: il apprend beaucoup de choses

Il fait du sport

Il goûte

Il dort

Activité 8

Indique à quel moment de la journée se passent les situations précédentes :

Le matin:
L'après-midi:
Le soir:
La nuit:

Activité 9

Ecoute ton professeur et réponds selon le modèle:

Exemple: Manuel goûte le matin ? ▶ Non, pas le matin; l'après-midi, bien sûr !

A   Il va au lit l'après-midi ?
B   Il va à l'école la nuit ?
C   Il dîne le matin ?
D   Il prend son petit déjeuner le soir ?
E   Il fait du sport la nuit ?
F   Il fait ses devoirs le matin ?

Activité 10

Quelle heure est-il ?

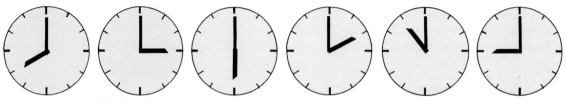

Il est huit heures

Activité 11

Trouve les expressions de temps correspondantes:

A Pâques • En été • Le matin • En hiver • La nuit • A... heures.

............., je vais en vacances à la plage.
............., Manuel va à la montagne avec son ami.
............., nous dormons.
............., il y a la fête de Noël.
............., nous prenons le petit déjeuner.
............., nous sortons de l'école.

 Jeu

La vache sans tache

Voir *Dialogues et activités*, p. 125 ▶

Activité 12

Observe **"L'emploi du temps"** de Manuel.

		LUNDI	MARDI	MERCREDI	JEUDI	VENDREDI	SAMEDI	DIMANCHE
Le matin	9h-10h	MATHS.	FRANÇAIS	MATHS.	FRANÇAIS	MATHS.		
	10h-11h	FRANÇAIS	MATHS.	FRANÇAIS	MATHS.	FRANÇAIS		
	11h-12h	HISTOIRE	SCIENCES	HISTOIRE	ESPAGNOL	SCIENCES		
L'après-midi	14h-15h	ESPAGNOL	GÉOGRAPHIE	SPORTS	SCIENCES	GÉOGRAPHIE		
	15h-16h	GYMNASTIQUE	ESPAGNOL		ETUDE			
	16h-17h	GYMNASTIQUE			GYMNASTIQUE			

Il est midi   Il est minuit

LE MATIN					L'APRES-MIDI							LE SOIR			LA NUIT		
8.00	9.00	10.00	11.00	12.00	13.00	14.00	15.00	16.00	17.00	18.00	19.00	20.00	21.00	22.00	23.00	24.00	1.00	2.00

La journée de Manuel

12ᵉᵐᵉ Unité

Objectifs

- Raconter
- Demander une information sur
  ce que l'on raconte
- Demander à quelqu'un si un objet lui
  appartient

RACONTE-NOUS TES VACANCES.

NOUS SOMMES ALLÉS DANS LES ALPES À VALLORCINE.

QU'EST-CE QUE VOUS AVEZ FAIT?

NOUS AVONS FAIT DU SKI.

VOUS AVEZ VISITÉ CHAMONIX?

BIEN SÛR! NOUS AVONS PRIS UN PETIT TRAIN POUR FAIRE LE VOYAGE.

VOUS ÊTES REVENUS QUAND?

HIER MATIN. NOUS AVONS DORMI DANS LE TRAIN.

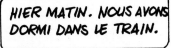

QU'EST-CE QU'IL FAIT?

IL TOMBE.   IL CASSE SON SKI.   IL A UN ACCIDENT.

QU'EST-CE QU'IL A FAIT?

IL EST TOMBÉ.   IL A CASSÉ SON SKI.   IL A EU UN ACCIDENT.

Vallorcine, le 6 Avril 1983

Chers parents,

J'ai passé une semaine extra. Nous avons fait beaucoup de ski.

Samedi après-midi, Manuel a eu un petit accident. Il est tombé et il a cassé un ski, mais ce n'est pas grave.

Nous revenons...

Activité 1

Cherche tous les verbes des pages 101 et 102 et dis s'ils sont au présent ou au passé.

PRESENT	PASSE
Il raconte ses vacances.	Il a raconté ses vacances.

Activité 2

Observe la liste des verbes au passé. Peux-tu les classer ?

Activité 3

Regarde page 107 et observe les phrases suivantes:

- Nous avons fait du ski.
- Vous avez visité Chamonix.
- Ils ont pris le train.
- J'ai fait du ski.
- Tu as visité Bordeaux.
- Elles ont pris un taxi.

- Elle est tombée.
- Nous sommes allés dans les Alpes.
- Vous êtes revenus quand ?
- Il est tombé.
- Elles sont revenues hier.
- Je suis allé à la montagne.

Activité 4

Après avoir observé les pages 101, 102, 103 et 107, complète les phrases avec **être** ou **avoir**.

"Hier, Manuel et son ami   revenus de la montagne.
Ils   passé une semaine formidable. Ils   fait beaucoup de ski.
Manuel   eu un petit accident. Il   tombé et il   cassé un ski.
Carmen n'   pas allée en vacances; elle n'   pas pris le train et elle
n'   pas visité Chamonix".

A —Vous êtes allés au football ?
—Oui, et notre équipe a gagné !

B —Monsieur vous avez oublié votre livre.
—Mon livre ? Non, non, ce n'est pas mon livre.

C —Et vos enfants sont là ?
—Non, ils sont partis au cinéma.

D —Votre professeur n'est pas là ?
—Non, il est parti.

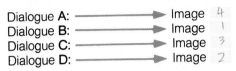

Activité 5

Regarde page 104 ● Indique le numéro de l'image:

Dialogue **A:** ──────────▶ Image 4
Dialogue **B:** ──────────▶ Image 1
Dialogue **C:** ──────────▶ Image 3
Dialogue **D:** ──────────▶ Image 2

Activité 6

Complète avec: **Notre/Nos - Votre/Vos**

Prenons notre *voiture.*
Vous avez pris votre *petit déjeuner ?*
Nous faisons nos *exercices.*
Vous invitez vos *amis au restaurant.*
Ecoutez votre *professeur.*
Regardons nos *photos.*
Vous avez pris vos *livres ?*
Nous avons oublié nos *valises.*

Activité 7

Ecoute ton professeur: **Présent** ou **passé ?**

	0	0	1	2	3	4	5	6	7	8	9	10
Présent		X			X			X	X	X		
Passé	X		X	X		X	X				X	X

Activité 8

Ecoute ton professeur et répète:

70 71 72
73 74 75
76 77 78
79 80

Activité 9

Avec tes camarades, transforme le dialogue de la page 101 en faisant parler le garçon à la première personne du singulier.

Activité 10

Dramatisation

Voir Dialogues et activités, p. 126

Activité 11

Raconte les vacances de Sylvie:

FAIRE ● AVOIR ● TOMBER ● PRENDRE ● ALLER ● REVENIR

 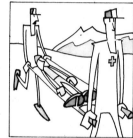 

Activité 12

Trouve la question:

- Oui, ce sont nos enfants. ▶ **Ce sont vos enfants ?**
- Non, ce n'est pas votre voiture. *C'est votre voiture ?*
- Oui, oui, ce sont nos livres. *Ce sont vos livres*
- Oui, c'est notre ville. *C'est votre ville*
- Non, ce ne sont pas nos disques. *Ce sont vos disques*
- Non, ce n'est pas notre maison. *C'est votre maison*
- Oui, ce sont nos amis. *C'est sont vos amis*
- Non, ce ne sont pas nos cahiers. *Ce sont vos cahiers*
- Oui, bien sûr, c'est notre père. *C'est votre père*

Activité 13

Regarde la page 107 et le tableau de conjugaison des verbes à la fin du livre. Puis transforme les phrases suivantes au passé.

- Daniel travaille au cinéma. *Daniel a travaillé*
- Sylvie et Paul mangent au restaurant. *Sylvie et Paul mangé au restaurant*
- Nous avons un accident. *nous avons écouté accident*
- Je tombe dans la cuisine. *Je suis tombé dans la cuisine*
- Nous écoutons nos disques. *nous avons écouté nos disques*
- Pierre oublie ses valises. *Il a oublié ses valises*
- Le professeur part en vacances. *C'est professeur*

106   cent six

Verbes

Avoir

J' ai eu
Tu as eu
Il
Elle a eu

Nous avons eu
Vous avez eu
Ils
Elles ont eu

Etre

J' ai été
Tu as été
Il
Elle a été

Nous avons été
Vous avez été
Ils
Elles ont été

Prendre

J' ai pris
Tu as pris
Il
Elle a pris

Nous avons pris
Vous avez pris
Ils
Elles ont pris

Faire

J' ai fait
Tu as fait
Il
Elle a fait

Nous avons fait
Vous avez fait
Ils
Elles ont fait

Travailler

J' ai travaillé
Tu as travaillé
Il
Elle a travaillé

Nous avons travaillé
Vous avez travaillé
Ils
Elles ont travaillé

Manger

J' ai mangé
Tu as mangé
Il
Elle a mangé

Nous avons mangé
Vous avez mangé
Ils
Elles ont mangé

Ecouter

J' ai écouté
Tu as écouté
Il
Elle a écouté

Nous avons écouté
Vous avez écouté
Ils
Elles ont écouté

Oublier

J' ai oublié
Tu as oublié
Il
Elle a oublié

Nous avons oublié
Vous avez oublié
Ils
Elles ont oublié

Aller

Je suis allé(e)
Tu es allé(e)
Il est allé
Elle est allée

Nous sommes allé(e)s
Vous êtes allé(e)s
Ils sont allés
Elles sont allées

Venir

Je suis venu(e)
Tu es venu(e)
Il est venu
Elle est venue

Nous sommes venu(e)s
Vous êtes venu(e)s
Ils sont venus
Elles sont venues

Partir

Je suis parti(e)
Tu es parti(e)
Il est parti
Elle est partie

Nous sommes parti(e)s
Vous êtes parti(e)s
Ils sont partis
Elles sont parties

Tomber

Je suis tombé(e)
Tu es tombé(e)
Il est tombé
Elle est tombée

Nous sommes tombé(e)s
Vous êtes tombé(e)s
Ils sont tombés
Elles sont tombées

Entrer

Je suis entré(e)
Tu es entré(e)
Il est entré
Elle est entrée

Nous sommes entré(e)s
Vous êtes entré(e)s
Ils sont entrés
Elles sont entrées

13ème Unité

Objectifs

- Exprimer une opinion favorable
- Exprimer une opinion défavorable

● Tu aimes cette  ?

● J'aime beaucoup ce

● Vous n'aimez pas cet  ?

● Nous aimons ces

Il aime sa maman.

Paul aime Sylvie.

Elle aime son chien.

Il aime la nature.

Activité 1

Observe la page 110. ● Combien de sens peut avoir le verbe **aimer** ?

Activité 2

Quel sens a le verbe **aimer** dans chacune des phrases suivantes ?

- Manuel aime beaucoup le chocolat.
- Carmen aime ses parents.
- Je n'aime pas parler anglais.
- Vous aimez cette confiture ?
- Nous aimons notre famille.
- Les enfants aiment le football.

Activité 3

Regarde les pages 109, 110 et 115. En cas de besoin, utilise un dictionnaire. Puis complète les phrases suivantes avec les adjectifs démonstratifs :

Ce matin je suis allé à l'école. Cette semaine nous sommes en vacances. Prends ce livre et cette carte postale. Regarde cet avion: c'est un Boeing 747. Ces enfants ne savent pas parler français. Regarde cette photo. Vous n'aimez pas ces bonbons ?

Activité 4

Ecoute ton professeur: **Ce** ou **Ces** ?

	0	0	1	2	3	4	5	6	7	8	9	10
Ce	X		X	X		X		X	X		X	X
Ces		X		X		X			X			

Activité 5

Ecoute ton professeur. ● Donne ton avis.

Exemple: Tu aimes le français ? ◄ | Oui, j'aime beaucoup le français.

Non, je n'aime pas le français.

A — Prends du chocolat.
— Chouette, j'adore le chocolat

B — Tu as vu cette voiture ?
— Oui, elle est super !

C — Monte sur ma moto.
— Oh, formidable, la moto c'est extra !

D — Oh, regarde ce gros chat.
— J'aime pas les chats.

E — Manuel, tu viens en vacances à la montagne avec moi ?
— Non, merci, je préfère la plage.

Activité 6

Regarde page 112.
Indique le numéro de l'image:

Dialogue A: ──────▶ Image _2_
Dialogue B: ──────▶ Image _1_
Dialogue C: ──────▶ Image _5_
Dialogue D: ──────▶ Image _4_
Dialogue E: ──────▶ Image _3_

Activité 7

Regarde à nouveau les dialogues de la page 112 ● L'opinion est favorable ou défavorable ?

Dialogue **A** ◀ favorable
défavorable

Dialogue **B** ◀ √

Dialogue **C** ◀ √

Dialogue **D** ◀ X

Dialogue **E** ◀ √

Activité 8

Observe les pages 69, 80, 93, 103, 109 et 112, puis écris dans ton cahier toutes les expressions qui peuvent te servir pour exprimer une opinion favorable ou défavorable.

Activité 9

Utilise les expressions trouvées dans l'activité 8 pour donner ton avis sur les sujets suivants :

Activité 10

Écoute ton professeur et réponds en utilisant les adjectifs démonstratifs : **ce, cet, cette, ces.**

Tu aimes **ce** vélo ⟶ ❓ Non, je préfère **cette** moto ⟶

" " *ces bonbons* ▶ ❓ " *ce gâteau* ▶

ce chien ▶ ❓ *cet oiseau* ▶

cette voiture ▶ ❓ *ce vélo* ▶

ces valises ▶ ❓ *ce cartable* ▶

ce disque ▶ ❓ *ces livres* ▶

Activité 11

Choisis: •——•

A. Tu as fait du ski, hier ? •
B. Qu'est-ce que tu fais, Manuel ? •
C. Vous avez visité Chamonix ? •
D. Elle va au cinéma ? •
E. Tu reviens quand ? •
F. Qu'est-ce qu'ils ont fait ? •

• 1. Oui, nous avons pris un petit train.
• 2. Lundi après-midi.
• 3. Ils sont allés à la montagne.
• 4. J'écris à Carmen.
• 5. Oui, j'ai fait du ski.
• 6. Non, elle préfère écouter des disques.

Activité 12

Complète les phrases suivantes avec les adjectifs démonstratifs : **ce, cet, cette.**

Cet après-midi, j'ai appris les verbes.
Ce matin, il y a un match de football.
Je pars en vacances ce soir.
cette nuit, il y a eu un accident place de l'Eglise.
cette semaine, nous sommes revenus de la montagne.

Jeu

Par groupes de quatre ou cinq, trouvez le plus grand nombre possible de mots qui commencent par la lettre que vous indiquera votre professeur. (Vous pouvez chercher dans toutes les unités du livre.)

L'adjectif démonstratif

MASCULIN	PLURIEL	FEMININ
ce, cet	**ces**	**cette**

ce garçon	ces garçons ces filles	cette fille
ce chien	ces chiens ces maisons	cette maison
cet hôtel	ces hôtels ces amies	cette amie
cet ami	ces amis ces valises	cette valise

Hier **Demain** **Lundi** →	Matin Après-midi Soir	**Aujourd'hui** →	Ce matin Cet après-midi Ce soir

LE SOIR — LA NUIT

19:00 20:00 21:00 22:00 23:00 24:00 1:00 2:00

Au printemps, c'est la récré,
Un matin du mois de mai,
Tu fais une promenade
Dans un monde de salades.

Vallorcine, le 6 Avril 1983

Chers parents,
J'ai passé une semaine extra. Nous
avons fait beaucoup de ski.
Samedi après-midi Manuel
petit accident. Il est tombé
un ski, mais ce n'est pas gra
Nous

RACONTE-NOUS TES VACANCES.

QU'EST-CE QUE VOUS AVEZ FAIT?

Le calendrier de 1983

ET MAINTENANT, QU'EST-CE QUE TU SAIS FAIRE ?

Activité 1

Lire un calendrier ● Regarde page **94** et réponds:

	VRAI	FAUX
Pâques est le 3 avril.		
Le 15 août est un mardi.		
Le 1er mai est un **dimanche**		
En septembre il y a 31 jours.		
Noël est un vendredi.		

Activité 2

Indique la bonne réponse: ●———●

Quand commence le printemps ? ●   ● 28 jours
Quand termine l'hiver ? ●   ● 52 semaines
Quel jour est Noël ? ●   ● le 20 mars
Combien de semaines a 1983 ? ●   ● le 25 décembre
Combien de jours a février ? ●   ● le 21 mars

Activité 3

Lire l'heure ● Quelle heure est-il ?

Activité 4

Trouve les expressions de temps correspondantes et écris-les dans ton cahier:

En été ● En hiver ● La nuit ● Le soir ● A... heures ● Au printemps

En Espagne, nous mangeons
*   , c'est les vacances.*
*   , il y a les vacances de Pâques.*
*   , nous dormons.*
*   , il neige à la montagne.*
*   , Manuel regarde la télé.*

Activité 5

Hier ou aujourd'hui ? ● Réponds dans ton cahier:

	HIER	AUJOURD'HUI
M. Dupont a visité la cathédrale.		
Manuel fait du ski à Vallorcine.		
Notre équipe a gagné.		
Vous avez pris vos livres ?		
Les enfants ne partent pas en vacances.		

Activité 6

Complète: **avoir** ou **être** ?

Hier soir, nous _____ travaillé.
Manuel _____ allé à la montagne.
Le professeur _____ parti.
Carmen _____ oublié son cartable.
M. Dufour _____ visité la cathédrale.
Sophie _____ revenue à huit heures.
Nous _____ cassé notre stylo.
Ils _____ partis en train.
Nous _____ mangé de la viande.
Je n' _____ pas pris de soupe.

Activité 7

Raconte au passé:

*Je **vais** en vacances avec mon amie Nathalie. Nous **visitons** la France en train. J'**aime** Paris mais Nathalie **préfère** Lyon. Nous **dormons** à l'hôtel et nous **mangeons** au restaurant. A Paris, Nathalie **visite** les musées et les églises mais moi je **préfère** la tour Eiffel et les Champs-Elysées. Nous **revenons** en Espagne contents de notre voyage.*

Activité 8

Cherche dans ton livre l'orthographe des chiffres suivants :

70	45	25	33
80	54	66	76
88	89	85	39

Activité 9

Le professeur te pose des questions. Pose les mêmes questions à toute la classe.

Tu as compris ? ▶ Vous avez compris ?
Tu as fini ?
Tu as fait l'exercice ?
Tu es sorti de la classe ?

Tu as appris la leçon ?
Tu as regardé la photo ?
Tu as observé les articles ?

Activité 10

A) Une des tours se trouve en France. Laquelle?
B) Dans quelle ville? Quelle est sa hauteur?
C) Y a-t-il une tour dans ton pays?

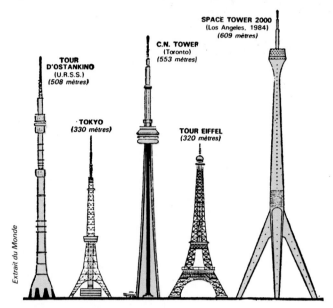

SPACE TOWER 2000
(Los Angeles, 1984)
(609 mètres)

C.N. TOWER
(Toronto)
(553 mètres)

TOUR
D'OSTANKINO
(U.R.S.S.)
(508 mètres)

TOKYO
(330 mètres)

TOUR EIFFEL
(320 mètres)

Extrait du Monde

Activité 11

Qu'est-ce que c'est?

● QUELQUES CHIFFRES ❘ Donne les chiffres de ton pays et de ta ville.

550.000 km.²
Du nord au sud: 980 km.
Mont le plus haut: Mont Blanc, 4.807 m.
(Alpes).
53 millions d'habitants.
Paris: 2.300.000 habitants (8.200.000 habitants avec la banlieue).

Activité 12

A quel produit français correspondent ces noms?

CAMEMBERT ● ROQUEFORT ● BRIE ● TOMME DE SAVOIE ● CAPRICE DES DIEUX

A ▶ Vins   B ▶ Parfums   C ▶ Fromages

Poème

Le professeur, à gauche.

—S'il te plaît, où est le beurre?

—Réponds, Manuel!

—Mais non, le beurre est...

—Manuel, attention!

—Non!

—Silence, s'il vous plaît, et Manuel, réponds!

—Oh! Manuel! Le beurre est...

Et Manuel à droite.

—Le beurre? Je ne sais pas.

—Le beurre? Au restaurant?

—...Blanc!

—Dans la boulangerie, à gauche du Cinéma?

—Sur la table, près du chat, dans la cage sous l'oiseau?

—En France ou en Espagne?

...page soixante-quatre.

Activité 13

Mets en ordre les lettres de chaque groupe et place-les selon les chiffres correspondants; tu obtiendras des noms de saisons, de mois et de jours.

1. IMSADE
2. TBEREMPES
3. RJAVIEN
10. LIVRA
4. RHIEV
5. DARMI
6. HICDENAM
7. BROTCEO
8. TEE
9. SARM

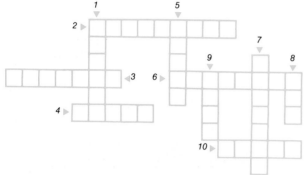

Activité 14

Écoute ton professeur. L'opinion est :

	1	2	3	4	5	6	7	8	9	10
Favorable										
Défavorable										

Activité 15

Choisis le mot qui correspond à l'adjectif démonstratif utilisé:

Regarde **ce** ◁ fille / garçon

Prends **ces** ◁ bonbons / tarte

Tu as vu **cette** ◁ voiture / avion

Je préfère **cet** ◁ avion / moto

Donne-moi **ce** ◁ porte-monnaie / vélos

Vous avez visité **cette** ◁ ville / cinéma

Nous connaissons **ce** ◁ professeur / fille

Ces ◁ filles / garçon ▷ sont sympathiques

Je regarde **cet** ◁ arbre / maison

Activité 16

Ecoute ton professeur ● Réponds:
▶ Oui, j'ai...
▶ Oui, nous avons...

Chanson

Il était une bergère

1 Il était un' bergère,
et ron, ron, ron, petit patapon,
il était un' bergère
qui gardait ses moutons,
ron, ron,
qui gardait ses moutons.

2 Elle fit un fromage,
et ron, ron, ron, petit patapon,
elle fit un fromage,
du lait de ses moutons,
ron, ron,
du lait de ses moutons.

3 Le chat qui la regarde,
et ron, ron, ron, petit patapon,
le chat qui la regarde,
d'un petit air fripon,
ron, ron,
d'un petit air fripon.

4 Si tu y mets la patte,
et ron, ron, ron, petit patapon,
si tu y mets la patte,
tu auras du bâton,
ron, ron,
tu auras du bâton.

5 Il n'y mit pas la patte,
et ron, ron, ron, petit patapon,
il n'y mit pas la patte
il y mit le menton,
ron, ron,
il y mit le menton.

6 La bergère en colère,
et ron, ron, ron, petit patapon,
la bergère en colère,
battit son p'tit chaton,
ron, ron,
battit son p'tit chaton.

Dialogues et activités

2ème Unité

Activité 3

C'est Pierre, il est grand! • C'est Sylvie, elle est formidable! • C'est Monique, elle est grosse! • C'est Madame Dupuis, elle est française! • C'est moi, je suis sportif! • C'est Monsieur Dubois, il est sympathique! • C'est le vélo de Paul, il est petit. • C'est John, il est anglais.

Activité 12

C'est Monique • C'est une auto • C'est un vélo • C'est M. Dupont • C'est un ballon • C'est Luc • C'est un taxi • C'est Madame Dupont • C'est une table • C'est un livre

3ème Unité

Activité 4

le livre • le vélo • le français. • la bicyclette le ballon • la fille • le garçon • la porte • la maison • le stylo

Jeu

Par groupe de deux, présentez-vous. Puis, après cinq minutes de préparation, présentez votre camarade :

Bonjour, je vous présente Pablo.
Il est Espagnol.
Il apprend le français.
Il habite à Valencia.

Vous pouvez aussi utiliser les formules suivantes :

Il habite rue...
Il habite place...
Il habite avenue...

4ème Unité

Activité 5

0. Le téléphone
0. Les garçons
1. Le ballon
2. Les livres
3. Les stylos
4. Le cartable
5. Le salon
6. Les carnets
7. Les cassettes
8. Le transistor
9. Le train
10. Les vélos

Activité 9

Discrimination entre **de** et **des**:

0. Je fais les exercices de français.
0. Tu regardes des photos.
1. Un numéro de téléphone.
2. Nous faisons des exercices.
3. Manuel écrit des lettres.
4. C'est la photo de tonton Pierre.
5. Sylvie apprend des verbes.
6. C'est le livre de papa.
7. Nous apprenons des verbes français.
8. Un garçon de la classe est français.
9. Nous regardons des motos.
10. C'est le ballon des enfants.

Activité 13

Discrimination entre **ne** et **né**

0. Il ne parle pas français.
0. Je parle pas espagnol.
1. Elle ne s'appelle pas Monique.
2. J'apprends pas la leçon.
3. Je ne comprends pas l'espagnol.
4. Il n'écoute pas la radio.
5. C'est pas toi !
6. Il n'est pas grand.
7. Tu parles pas français ?
8. Tu ne viens pas avec moi ?
9. Nous ne sommes pas dans la cuisine.
10. Je parle pas espagnol.

5ème Unité

Activité 7

1. C'est une belle auto !
2. Il s'appelle Monsieur Dupont.
3. C'est Martine Dubois.
4. C'est une grande table.
5. C'est un avion léger.
6. Elle s'appelle Madame Martin.
7. C'est un beau ballon. Il est formidable.

Activité 9

Ecoute et écris:

1. Un professeur
2. Une table
3. Des élèves
4. Un garçon

5. Des autos
6. Une moto
7. Des filles
8. Un homme
9. Un avion
10. Un professeur
11. Une Espagnole
12. Une Française

Activité 12

A = 12
B = 11
C = 20
D = 10
E = 9
F = 18
G = 16
H = 15
I = 13
J = 6
K = 8

6ème Unité

Activité 3

Discrimination entre **sur** et **sous**:

0. Sylvie écrit une lettre sur la table.
0. Le ballon de Manuel est sous la voiture.
1. La cage est sur la table.
2. Le chat est sur la table.
3. Il y a un paquet sous l'auto.
4. Manuel est sur la moto.
5. Monique est sous la table de la cuisine.
6. Il y a des livres sur la table.
7. Il y a un paquet sous la table.
8. Le paquet est sous le livre.
9. Le ballon de Manuel est sur la voiture.
10. Regarde ! Il y a un stylo sur le livre.

Activité 9

Petite dictée:
20 - 18 - 13 - 16 - 9 - 6 - 7 - 3 - 19 - 11 - 2 - 5
10 - 12 - 14 - 8.

Jeu

La diligence phonétique

Écoutez de nouveau l'activité 3. Chaque fois que vous entendez « sous », levez la main et agitez-la comme pour saluer une diligence qui passe.

9ème Unité

Activité 9

0. Répétez le poème.
0. Maintenant, écris.

1. N'oubliez pas votre livre.
2. Levez-vous.
3. Sors immédiatement !
4. Ne parlez pas maintenant.
5. Entre, s'il te plaît.
6. Fais attention à ce que tu écris.
7. Ecoutez attentivement.
8. Asseyez-vous.
9. Daniel, lève-toi.
10. Apprenez les verbes de la page 63.

10ème Unité

Activité 9

1. J'ai treize ans.
2. Mon père, il est caissier.
3. Elle a neuf ans.
4. Oui, elle est architecte.
5. Nous habitons dans une petite maison.
6. Il est dentiste.
7. Ils sont six.
8. J'ai deux soeurs et trois frères.

11ème Unité

Activité 4

Tu pars quand ?	Lundi ?
" " "	Mercredi ?
" " "	Samedi ?
" " "	Jeudi ?
" " "	Mardi ?
" " "	Dimanche ?
" " "	Vendredi ?

Jeu

La vache sans tache

Tous les élèves s'assoient en cercle. Le professeur donne à chacun un numéro. Lui-même prend le numéro zéro et commence le jeu :
« Je suis la vache sans tache numéro zéro et j'appelle la vache sans tache numéro deux (cinq, huit,...) ».
L'élève qui a le numéro deux (cinq, huit,...) répond :
« Je suis la vache sans tache numéro deux (...) et j'appelle la vache sans tache numéro (...) ».
Si un élève se trompe de numéro, il doit se faire une marque sur le visage avec un bouchon de liège brûlé. Il doit alors dire :
« Je suis la vache à une (deux, trois,...) taches, numéro (...) et j'appelle la vache sans tache (ou la vache à une, deux, trois,... taches), numéro (...).
Le gagnant est celui qui n'a pas de tache ou qui en a le moins.

12ᵉᵐᵉ Unité

Activité 7

Ecoute: **Présent** ou **Passé ?**

0. Vous avez compris ?
0. Tu viens avec moi ?
1. Oui, j'ai compris.
2. Tu as fait tes exercices ?
3. J'aime pas la télévision.
4. Ils sont venus hier.
5. M. Dupont a oublié son cartable.
6. Monsieur, je comprends pas.
7. Je vais en vacances à la plage.
8. Madame Dupont donne de l'argent à Manuel.
9. Nous n'avons pas mangé de soupe.
10. Non, nous ne sommes pas allés en vacances.

Activité 10

Dramatisation

Une fois réalisée l'activité 9, chaque groupe tentera de jouer devant le reste de la classe le nouveau dialogue obtenu.

13ᵉᵐᵉ Unité

Activité 4

Ecoute: **ce** ou **ces ?**

0. Tu connais ce garçon ?
0. Ces livres sont à moi.
1. Ecoute ce disque.
2. Prends ce ballon.
3. Donne-moi ces règles.
4. Je regarde ce film.
5. J'achète ces fruits.
6. Nous écoutons ces disques.
7. Ce chien a toujours faim.
8. Tu comprends ces exercices ?
9. Ce livre est à moi.
10. Vous connaissez ces garçons ?

Activité 5

Tu aimes les maths ?
Tu aimes cette classe ?
Tu aimes la géographie ?
Tu aimes la confiture ?
Tu aimes le football ?
Tu aimes les chiens ?

14ᵉᵐᵉ Unité

Activité 14

Donner une opinion

1. La montagne ? Extra !
2. J'adore la moto.
3. J'aime pas les maths.
4. Le cinéma ? Je préfère la musique.

5. Gary Cooper ? Il est sensationnel !
6. La plage ? C'est super !
7. Les vacances, c'est chouette !
8. La classe de français, c'est bien !
9. La géographie ? Bof !
10. Aller à la piscine ? Bonne idée !

Activité 16

Réponds: Oui, j'ai...
            Oui, nous avons...

Tu as compris ?
Vous avez fini ?
Vous avez appris la leçon ?
Tu as regardé la photo ?
Vous avez observé la page 25 ?
Vous êtes sortis de l'école ?
Tu as fini ton travail ?
Vous avez fait l'exercice ?

Les verbes

Le présent

Aller

Je	vais
Tu	vas
Il	va
Elle	
Nous	allons
Vous	allez
Ils	vont
Elles	

Etre

Je	suis
Tu	es
Il	est
Elle	
Nous	sommes
Vous	êtes
Ils	sont
Elles	

Avoir

J'	ai
Tu	as
Il	a
Elle	
Nous	avons
Vous	avez
Ils	ont
Elles	

Faire

Je	fais
Tu	fais
Il	fait
Elle	
Nous	faisons
Vous	faites
Ils	font
Elles	

Parler

Je	parle
Tu	parles
Il	parle
Elle	
Nous	parlons
Vous	parlez
Ils	parlent
Elles	

Acheter

J'	achète
Tu	achètes
Il	achète
Elle	
Nous	achetons
Vous	achetez
Ils	achètent
Elles	

S'appeler

Je	m'appelle
Tu	t'appelles
Il	s'appelle
Elle	
Nous	nous appelons
Vous	vous appelez
Ils	s'appellent
Elles	

Manger

Je	mange
Tu	manges
Il	mange
Elle	
Nous	mangeons
Vous	mangez
Ils	mangent
Elles	

Dormir

Je	dors
Tu	dors
Il	dort
Elle	
Nous	dormons
Vous	dormez
Ils	dorment
Elles	

Ouvrir

J'	ouvre
Tu	ouvres
Il	ouvre
Elle	
Nous	ouvrons
Vous	ouvrez
Ils	ouvrent
Elles	

Sortir

Je	sors
Tu	sors
Il	sort
Elle	
Nous	sortons
Vous	sortez
Ils	sortent
Elles	

Partir

Je	pars
Tu	pars
Il	part
Elle	
Nous	partons
Vous	partez
Ils	partent
Elles	

Venir

Je	viens
Tu	viens
Il	vient
Elle	
Nous	venons
Vous	venez
Ils	viennent
Elles	

Lire

Je	lis
Tu	lis
Il	lit
Elle	
Nous	lisons
Vous	lisez
Ils	lisent
Elles	

Pouvoir

Je	peux
Tu	peux
Il	peut
Elle	
Nous	pouvons
Vous	pouvez
Ils	peuvent
Elles	

Savoir

Je	sais
Tu	sais
Il	sait
Elle	
Nous	savons
Vous	savez
Ils	savent
Elles	

Attendre		Prendre		Perdre		Ecrire	
J'	attends	Je	prends	Je	perds	J'	écris
Tu	attends	Tu	prends	Tu	perds	Tu	écris
Il	attend	Il	prend	Il	perd	Il	écrit
Elle		Elle		Elle		Elle	
Nous	attendons	Nous	prenons	Nous	perdons	Nous	écrivons
Vous	attendez	Vous	prenez	Vous	perdez	Vous	écrivez
Ils	attendent	Ils	prennent	Ils	perdent	Ils	écrivent
Elles		Elles		Elles		Elles	

Au présent

	modèle		modèle		modèle		modèle
Adorer		**Deviner**		**Gagner**		**(Se) présenter**	
J'adore	parler	Je devine	parler	Je gagne	parler	Je présente	parler
						Je me présente	
Aimer		**Ecouter**		**Goûter**		**Raconter**	
J'aime	parler	J'écoute	parler	Je goûte	parler	Je raconte	parler
Apprendre		**Effacer**		**Habiter**		**Regarder**	
J'apprends	prendre	J'efface	parler	J'habite	parler	Je regarde	parler
Bouger		**Fumer**		**Monter**		**Trouver**	
Je bouge	manger	Je fume	parler	Je monte	parler	Je trouve	parler
Casser		**Tomber**		**Oublier**		**Visiter**	
Je casse	parler	Je tombe	parler	J'oublie	parler	Je visite	parler
Comprendre		**Travailler**		**Passer**		**Revenir**	
Je comprends	prendre	Je travaille	parler	Je passe	parler	Je reviens	venir
Déjeuner		**Traverser**		**Préférer**		**Observer**	
Je déjeune	parler	Je traverse	parler	Je préfère	parler	j'observe	parler
				nous préférons			

Le passé composé

Avec **avoir**

Etre		Avoir		Faire		Parler	
J'	ai été	J'	ai eu	J'	ai fait	J'	ai parlé
Tu	as été	Tu	as eu	Tu	as fait	Tu	as parlé
Il	a été	Il	a eu	Il	a fait	Il	a parlé
Elle		Elle		Elle		Elle	
Nous	avons été	Nous	avons eu	Nous	avons fait	Nous	avons parlé
Vous	avez été	Vous	avez eu	Vous	avez fait	Vous	avez parlé
Ils	ont été	Ils	ont eu	Ils	ont fait	Ils	ont parlé
Elles		Elles		Elles		Elles	

Dormir

J'	ai dormi
Tu	as dormi
Il Elle	a dormi
Nous	avons dormi
Vous	avez dormi
Ils Elles	ont dormi

Ouvrir

J'	ai ouvert
Tu	as ouvert
Il Elle	a ouvert
Nous	avons ouvert
Vous	avez ouvert
Ils Elles	ont ouvert

Lire

J'	ai lu
Tu	as lu
Il Elle	a lu
Nous	avons lu
Vous	avez lu
Ils Elles	ont lu

Pouvoir

J'	ai pu
Tu	as pu
Il Elle	a pu
Nous	avons pu
Vous	avez pu
Ils Elles	ont pu

Servir

J'	ai servi
Tu	as servi
Il Elle	a servi
Nous	avons servi
Vous	avez servi
Ils Elles	ont servi

Attendre

J'	ai attendu
Tu	as attendu
Il Elle	a attendu
Nous	avons attendu
Vous	avez attendu
Ils Elles	ont attendu

Prendre

J'	ai pris
Tu	as pris
Il Elle	a pris
Nous	avons pris
Vous	avez pris
Ils Elles	ont pris

Perdre

J'	ai perdu
Tu	as perdu
Il Elle	a perdu
Nous	avons perdu
Vous	avez perdu
Ils Elles	ont perdu

Avec **être**

Aller

Je	suis allé(e)
Tu	es allé(e)
Il	est allé
Elle	est allée
Nous	sommes allé(e)s
Vous	êtes allé(e)s
Ils	sont allés
Elles	sont allées

Entrer

Je	suis entré(e)
Tu	es entré(e)
Il	est entré
Elle	est entrée
Nous	sommes entré(e)s
Vous	êtes entré(e)s
Ils	sont entrés
Elles	sont entrées

Monter

Je	suis monté(e)
Tu	es monté(e)
Il	est monté
Elle	est montée
Nous	sommes monté(e)s
Vous	êtes monté(e)s
Ils	sont montés
Elles	sont montées

Passer

Je	suis passé(e)
Tu	es passé(e)
Il	est passé
Elle	est passée
Nous	sommes passé(e)s
Vous	êtes passé(e)s
Ils	sont passés
Elles	sont passés

Partir

Je	suis parti(e)
Tu	es parti(e)
Il	est parti
Elle	est partie
Nous	sommes parti(e)s
Vous	êtes parti(e)s
Ils	sont partis
Elles	sont parties

Revenir

Je	suis revenu(e)
Tu	es revenu(e)
Il	est revenu
Elle	est revenue
Nous	sommes revenu(e)s
Vous	êtes revenu(e)s
Ils	sont revenus
Elles	sont revenues

Sortir

Je	suis sorti(e)
Tu	es sorti(e)
Il	est sorti
Elle	est sortie
Nous	sommes sorti(e)s
Vous	êtes sorti(e)s
Ils	sont sortis
Elles	sont sorties

Tomber

Je	suis tombé(e)
Tu	es tombé(e)
Il	est tombé
Elle	est tombée
Nous	sommes tombé(e)s
Vous	êtes tombé(e)s
Ils	sont tombés
Elles	sont tombées

Venir

Je	suis venu(e)
Tu	es venu(e)
Il	est venu
Elle	est venue
Nous	sommes venu(e)s
Vous	êtes venu(e)s
Ils	sont venus
Elles	sont venues

Au passé

	modèle		modèle		modèle		modèle
Adorer J'ai adoré	parler	**Devenir** Je suis devenu	venir	**Goûter** J'ai goûté	parler	**Travailler** J'ai travaillé	parler
Aimer J'ai aimé	parler	**Deviner** J'ai deviné	parler	**Habiter** J'ai habité	parler	**Traverser** J'ai traversé	parler
Apprendre J'ai appris	prendre	**Donner** J'ai donné	parler	**Oublier** J'ai oublié	parler	**Trouver** J'ai trouvé	parler
Bouger J'ai bougé	manger	**Ecouter** J'ai écouté	parler	**Passer** J'ai passé	parler	**Visiter** J'ai visité	parler
Casser J'ai cassé	parler	**Effacer** J'ai effacé	parler	**Préférer** J'ai préféré	parler		
Comprendre J'ai compris	prendre	**Fumer** J'ai fumé	venir	**Raconter** J'ai raconté	parler		
Déjeuner J'ai déjeuné	parler	**Gagner** J'ai gagné	parler	**Regarder** J'ai regardé	parler		

L'impératif

Aller	**Faire**	**Parler**	**Manger**
va allons allez	fais faisons faites	parle parlons parlez	mange mangeons mangez

Bouger	**Dormir**	**Ouvrir**	**Partir**
bouge bougeons bougez	dors dormons dormez	ouvre ouvrons ouvrez	pars partons partez

Sortir	**Venir/Revenir**	**Lire**	**Attendre**
sors sortons sortez	viens venons venez	lis lisons lisez	attends attendons attendez

Prendre	**Apprendre**		
prends prenons prenez	apprends apprenons apprenez		

Lexique*

A

acheter (7)
accepter (4)
un accident (12)
un acteur (8)
adorer (13)
une adresse (3)
un adulte (5)
l' âge (9)
aimer (7)
aller (7)
allô (4)
un ami (3)
une amie (3)
un an (8)
un appartement (8)
appeler (1)
s' appeler (1)
apprendre (3)
un
une après-midi (11)
un architecte (8)
un article de
journal (1)
de l'argent (7)
un atlas (5)
attendre (9)
au revoir (1)
une auto (2)
l' automne (11)
un avion (2)
un avis (13)
avoir (6)

B

un ballon (2)
un bar (2)
beau/belle (2)
beaucoup (7)
le beurre (7)
une bicyclette (3)

bien (8)
bien sûr ! (11)
blond (2)
une boîte (6)
bon/bonne (9)
un bonbon (7)
bonjour (1)
bouger (9)
une boulangerie (6)
brun/brune (2)

C

cacher (8)
un café (4)
une cage (6)
un cahier (2)
un caissier (8)
un calendrier (11)
un camarade (5)
une capitale (3)
une carte (1)
une carte postale (13)
une carte de visite (3)
casser (12)
une cassette (4)
une cathédrale (8)
ça va ? (1)
une chaise (6)
chaque (12)
un chat (6)
chercher (1)
un chien (4)
le chocolat (7)
choisir (2)
une chose (11)
chouette ! (11)
une cigarette (7)
un cinéma (6)
une classe (3)
un client (7)
combien (8)
compléter (1)
comprendre (3)
la confiture (7)
content (3)

copier (7)
correspondre (2)
une couleur (3)
un copain (6)
une cuisine (4)

D

d'accord (2)
dans (6)
décrire (2)
défavorable (13)
déjeuner (11)
un déjeuner (7)
demander (1)
une description (6)
un dessin (11)
dessiner (3)
deviner (2)
un devoir (11)
un dialogue (5)
une dictée (6)
un dictionnaire (13)
une diligence (6)
dimanche (11)
un disque (13)
donner (7)
dormir (11)
un drapeau (3)

E

l' eau (7)
une école (3)
écouter (1)
écrire (1)
effacer (9)
une église (3)
un élève (3)
une élève (3)
un
une enfant (6)
une enveloppe (3)
ensuite (6)
une épicerie (7)

F

une équipe (12)
essayer (6)
une erreur (3)
un étage (8)
l' été (11)
être (2)
un examen (13)
un exercice (4)
expliquer (6)

F

facile (3)
la faim (8)
avoir faim (8)
faire (2)
une famille (8)
faux (10)
favorable (11)
une fille (2)
un film (13)
un fleuve (5)
au fond (6)
formidable (2)
le football (3)
frapper à la porte (2)
un frère (8)
un fromage (7)
un fruit (7)
fumer (9)

G

gagner (12)
un garçon (2)
un garçon de café (7)
la géographie (11)
une gomme (2)
grand (2)
grave (12)
un groupe (2)
gros (2)
goûter (11)
la gymnastique (11)

★ NOTE : Les numéros entre parenthèses renvoient à l'unité où le mot apparaît pour la première fois.

H

habitant (5)
habiter (3)
la hauteur (14)
une heure (11)
hier (12)
hier matin (12)
une histoire (11)
l' hiver (11)
un homme (3)
un hôpital (2)
un hôtel (2)
l' huile (7)

I

une idée (9)
une image (2)
imaginer (8)
indiquer (2)
une infirmière (3)
un ingénieur (9)

J

un jeu (2)
le jeudi (11)
jeune (8)
jouer (7)
un jour (11)
une journée (11)
un journal (1)

L

le lait (7)
une lettre (3)
(se) lever (9)
un lexique (2)
lire (2)
un lit (11)
un livre (2)

M

madame (6)
mademoiselle (3)
maintenant (2)
une maison (6)
maman (2)

manger (7)
mardi (11)
marquer (3)
un match de
football (11)
le matin (11)
un mécanicien (8)
merci (2)
mercredi (11)
la mère (8)
mettre (4)
midi (11)
un mois (11)
monsieur (1)
une montagne (11)
monter (13)
une moto (2)

N

la nature (13)
la niche (6)
Noël (11)
le nom (1)
non (2)
noter (3)
la nuit (11)

O

un objet (2)
observer (2)
un oiseau (6)
une opinion (13)
où (6)
oublier (4)
oui (2)
ouvrir (9)

P

un pain (7)
papa (2)
Pâques (11)
un paquet (6)
pardon (6)
les parents (8)
parler (3)
partir (11)
passer (8)
un pays (1)
le père (8)
une personne (2)
une grande personne (5)
un petit déjeuner (7)

peu (7)
une phrase (2)
un piano (3)
une piscine (4)
une place (6)
une plage (5)
plusieurs (6)
un poème (2)
un pont (8)
une porte (2)
pouvoir (5)
préférer (3)
prendre (7)
prendre congé (1)
un prénom (1)
(se) présenter (1)
le printemps (11)
un produit (14)
un professeur (2)
proposer (7)
une publicité (9)

Q

quand (11)
quelqu'un (1)
une question (2)

R

raconter (12)
la radio (3)
rectangulaire (2)
refuser (4)
regarder (1)
une règle (3)
remarquer (3)
répéter (2)
répondre (2)
une réponse (2)
un restaurant (6)
revenir (6)
une rue (6)

S

une saison (13)
la salade (7)
saluer (1)
salut ! (1)
samedi (11)
savoir (1)
sciences (11)
une secrétaire (10)
le sel (7)

une semaine (11)
sensationnel (8)
s'il te plaît (6)
s'il vous plaît (6)
le ski (13)
une sœur (8)
un soir (11)
sortir (9)
la soupe (7)
sous (6)
le sport (11)
sportif/sportive (2)
le sucre (7)
suivant (11)
la superficie (5)
sympathique (8)

T

une table (2)
un tableau (7)
une tarte (7)
la télé (3)
le téléphone (3)
téléphoner (3)
les toilettes (6)
une tomate (7)
tomber (12)
tonton (4)
une tour (14)
tout droit (6)
un train (4)
un transistor (4)
travailler (8)
traverser (9)
trouver (1)

V

les vacances (9)
une valise (9)
un veau (7)
un vélo (2)
vendredi (11)
venir (4)
un verbe (4)
vérifier (2)
la viande (7)
une ville (3)
le vin (7)
visiter (12)
vite (12)
le vocabulaire (3)
une voiture (8)
un voyage (12)
vrai (10)

Imprimé en France par I.M.E. - 25110 Baume-les-Dames
Dépôt légal n° 4675-06/1993
Collection n° 15 - Edition n° 11
15/4658/9